GOLDMANN

Buch

Schlankheits- und Abmagerungskuren führen oft nur zu einem kurzfristigen Erfolg. Nach einigen Wochen oder Monaten haben die Betroffenen ihr altes Übergewicht »aufgespeckt« und stehen wieder am Anfang. Eine dauerhafte Gewichtsabnahme kann nur durch Änderung der falschen unterbewußten Verhaltensprogramme und Eßgewohnheiten erzielt werden.
Das Mental-Trainings-Programm hilft anhand von Techniken wie Autosuggestion, Affirmation, Visualisierung und Meditation diese falschen Programme bewußt zu machen, abzubauen und durch neue, sinnvolle zu ersetzen. Yoga- und Gymnastikübungen sowie Tips zur Vollwerternährung und zum Fasten ergänzen das auf eine durchgehende Änderung der Eßgewohnheiten abzielende Schlankheitsprogramm. Zahlreiche Fallbeispiele belegen, wie es Menschen gelungen ist, sich durch Bewußtmachung ihrer unterbewußten Eßzwänge mit Hilfe des Mental-Trainings-Programms aus schwierigen persönlichen Situationen zu befreien, abzunehmen und schlank zu bleiben.

Autoren

Kurt Tepperwein ist Heilpraktiker und Therapeut. Seit 1984 ist er Dozent an der »Akademie für geistige Wissenschaften«. Er leitet den »Internationalen Arbeitskreis für Mental-Training«.
Die Anwendung seines Mental-Trainings ist für viele Menschen – nicht nur für Topmanager und Spitzensportler – ein wichtiger Bestandteil ihres Lebens und ein Weg zum Erfolg.
Felix Aeschbacher, Jahrgang 1951, befaßt sich seit Anfang der siebziger Jahre mit der geistigen Lösung von Problemen. 1983 gelang ihm der Durchbruch mit wesentlichen Erkenntnissen über psychokybernetische Erfolgsprinzipien. Seit dieser Zeit sieht er seine Lebensaufgabe darin, Menschen aller Altersstufen und aller Schichten auf Erfolg, Gesundheit und Harmonie »zu programmieren«. Seine fundierte Ausbildung als Gewerbe- und Handelslehrer, Instruktor, Ausbildungsleiter, Verkaufstrainer und praxisnaher Lebens- und Erfolgspädagoge kommt ihm hier zugute. Er hält seit einigen Jahren bei vielen Interessengruppen, Erwachsenenbildungsstätten, Instituten und Firmen Vorträge und Seminare.

Von Kurt Tepperwein sind im Goldmann Taschenbuch Verlag erschienen: *Geistheilung durch sich selbst.* (11738) · *Die »Kunst« mühelosen Lernens.* (10459) · *Die hohe Schule der Hypnose.* (10962)

KURT TEPPERWEIN
FELIX AESCHBACHER

Intuitiv schlank

Das mentale Schlankheits- und Fitneßtraining

GOLDMANN VERLAG

Originalausgabe

Der Goldmann Verlag
ist ein Unternehmen der Verlagsgruppe Bertelsmann

Made in Germany · 3/91 · 2. Auflage

Umschlaggestaltung: Design Team München
Umschlagfoto: Bavaria, Gauting
Satz: Filmsatz Schröter GmbH, München
Druck: Elsnerdruck, Berlin
Verlagsnummer: 13597
Redaktion: Thomas May
Lektorat: Johannes Jacob/SK
Herstellung: Peter Papenbrok/Sc
ISBN 3-442-13597-4

Inhaltsverzeichnis

Vorwort

Wie die Erfahrung bisher gezeigt hat, ist es mit Hilfe von Schlankheitskuren und kurzen Diäten nicht möglich, zu einem dauerhaften Idealgewicht zu kommen. Nachdem man einige Kilos abgenommen hat, verfällt man wieder in die alten Eßfehler. Woher aber kommen diese? Jeder Mensch hat doch andere Eßgewohnheiten! Diese sitzen tief im Unterbewußtsein und müssen bewußt gemacht werden. Erst dann ist eine Änderung der Eßgewohnheiten und eine damit verbundene *dauerhafte* Gewichtsabnahme möglich! Mit dem MENTAL-TRAINING kannst du dir deine alten Probleme, die zur Gewichtszunahme geführt haben, bewußt machen und dir ein anderes, neues, positives Eßverhalten angewöhnen.

Somit ist eine echte Lebensveränderung durch diese »Mental-Diät« möglich! Viel besser als Abmagerungspillen, Appetitzügler oder erzwungene Abmagerungskuren mit anschließendem Aufspecken ist die Änderung deiner Eßgewohnheiten. Abmagerungskuren helfen nur, solange man sie anwendet. Wenn man damit wieder aufhört, übernehmen die alten Verhaltensmuster im Unterbewußtsein wieder die Oberhand, und der tägliche Kampf um die Gewichtszunahme beginnt von neuem! Nicht die Symptome sind zu behandeln, sondern das Problem muß an der Wurzel angepackt werden, dort, wo es entstanden ist! Erst wenn sich das Eßverhalten und das innere Selbstbild verändert haben, ist es möglich, sein Idealgewicht zu erreichen.

Wenn du eine neue Einstellung zum Essen gewinnst, wirst du nicht nur bald deine Idealfigur haben, sondern auch andere Lebensbereiche, z. B. Partnerschaft und Liebesleben, entwikkeln sich positiv!

Das MENTAL-TRAINING bedient sich verschiedener kontemplati-

ver psychotherapeutischer Methoden, wie z.B. Autosuggestion, Imagination, positives Denken, Yoga und Meditation u.a. Die vielen hier beschriebenen Übungen helfen dir, Eigenschaften zu entwickeln, die eine Loslösung von deinen falschen Eßgewohnheiten bewirken. Du lernst dich besser zu akzeptieren, bist bald selbstbewußter, löst dich von Schuldgefühlen und vergangenen Enttäuschungen und Ärgernissen. Du findest klare Lebensziele. Zufriedenheit und Harmonie kehren ein. In dir selbst die Liebe zu entdecken und sie weiterzugeben an andere – das vermitteln dir auch die zahlreichen Meditationen, die einen wichtigen Bestandteil des Buches bilden.
Wir werden dich, soweit es im Rahmen dieses Buches möglich ist, auf deinem Weg zu einer schlanken Figur begleiten. Wir bitten dich aber auch: Nimm alle angeführten Übungen ernst, es geht ja um dich selbst dabei, um deine Zukunft, die in einem gewissen Ausmaß auch von deinem Aussehen abhängen kann.
Dies ist auch ein Arbeitsbuch; an verschiedenen Stellen ist Platz gelassen, wo du deine persönlichen Notizen eintragen kannst, die der Bewußtmachung und Veränderung deiner Eßgewohnheiten dienen sollen. Natürlich kannst du dir dafür auch ein eigenes MENTAL-TRAININGS-Notizbuch zulegen. Wenn du das Buch ernst nimmst und dein MENTAL-TRAININGS-Programm konsequent ausführst, wirst du Erfolg haben!

Essen im Einklang mit sich selbst

Entwicklung eines neuen Eßbewußtseins

»Über den Dingen stehen« lautet ein bekanntes Sprichwort, das in vielen Situationen helfen kann. Auch wenn man dem Eßdrang zu sehr »verfallen« ist, kann man diesen Satz zu Hilfe nehmen. Über dem Essen stehen bedeutet dann, das Essen nur als tägliche Nahrungszufuhr zu sehen, ohne dabei von Begierden und Freßsucht übermannt zu werden. Über dem Essen stehen bedeutet aber auch Los-Lassen von diesen Begierden und inneren Zwängen, die zur Eßsucht geführt haben. Es handelt sich dabei um ein ganz bestimmtes Bewußtsein, das man sich aneignen muß. Wie gewinnt man dieses Bewußtsein am schnellsten? Stell dir doch einmal vor, wie du früher warst, bevor deine »übergewichtige Periode« begonnen hat: Welche Gefühle und Gedanken hattest du damals bei der Nahrungsaufnahme, Eßlust usw.? Versetze dich einmal genau in diese Situation. Erlebe diese Zeit noch einmal. Versuche dabei, die früheren Gedanken aufzuspüren und ganz bewußt deine derzeitige Eßgewohnheit loszulassen. Wenn du diese Übung täglich vor dem Essen durchführst, kannst du deine alte positive Grundeinstellung wieder zurückholen. Wenn aber deine Eßsucht anerzogen ist oder wenn du bereits seit deiner Kindheit dick bist, dann versetze dich geistig in einen Menschen, der wenig ißt. Laß seine Gewohnheiten auf dich wirken. Auch diese Übung hilft dir zu lernen, dich von deinen Eßsüchten zu lösen. Such dabei aber eine Person aus, die dir freundlich gesinnt ist, dann klappt die Übung besser. Sag dir auch ganz deutlich, daß du über dem Essen stehen möchtest. Such dir im Abschnitt über *Affirmationen* (siehe S. 36ff.) einige geeignete Sätze aus, die auf deine Probleme zutreffen. Diese Mental-Diät wird dir mehr helfen, als es eine Abmagerungskur vermag: Wie die Erfahrung zeigt, nehmen die meisten Menschen, die eine Abmagerungskur durchführen, bald wieder zu. Wenn du jedoch deine Einstellung zum Essen änderst, so bleibst du schlank, da du ganz tief in deinem Inneren von der Eßsucht losgelassen hast. Mach dir dieses Wissen zunutze, und arbeite gewissenhaft an dir. Dieser neue Weg wird dich glücklich machen!

Wenn das Essen einmal nicht mehr zu den rein affektiv bestimmten Gewohnheiten gehört, sondern bewußt und kontrolliert zu sich genommen wird, ohne Hast und Hektik, dann verspürt man in sich eine Verbindung zu seinem Selbst, zu seinem inneren ewigen Atemfluß. Kennst du dich eigentlich selbst? Weißt du, warum du plötzlich Appetit auf Schokolade oder Essiggurken hast? Weißt du, warum du jahrelang Vanilleeis dem Erdbeereis vorgezogen hast und warum du Erbsen und nicht Karfiol auf der Speisekarte wählst? Weißt du, warum du manchmal besonders gierig das Essen hinuntergeschlungen hast oder warum du gestern abend beim Fernsehen ein ganzes Paket Soletti verspeist hast? Wie steht es eigentlich mit deinem Seelenleben: Fühlst du dich durch irgendein Mißgeschick belastet, oder hast du Probleme mit Menschen in deiner Umgebung?

Häufig sind es Beziehungsprobleme, die zu Übergewicht führen. Wenn du das Gefühl hast, daß deine Partnerprobleme vor deinen Gewichtsproblemen gelöst werden können, so solltest du dich mit unserem Buch *Intuitiv glücklich. Das mentale Schlankheitstraining* beschäftigen. Dort wirst du viele interessante Hinweise und Übungen finden, die dir nicht nur helfen, deine Beziehungsprobleme zu lösen, sondern die auch deine Partnerschaft für eine ganzheitliche Richtung öffnen. Stellen jedoch deine Gewichtsprobleme die Ursache für deine Beziehungsprobleme dar, so beginne hier mit diesem Buch.

Die Medizin stimmt darin überein, daß Gewichtsprobleme in erster Linie mit Gefühlsunstimmigkeiten zu tun haben. Oft liegt ein persönliches Schlüsselerlebnis vor: Enttäuschungen oder andere Schicksalsschläge haben zur Gewichtszunahme geführt. Das Essen dient auf einer »niederen« Gefühlsebene als Kompensation. Wird erst einmal wieder die Gefühlswelt ins rechte Lot gebracht und die auslösende Ursache für das Übergewicht bewußt gemacht, so löst sich das Übergewichtsproblem von selbst. Ohne große Hungerkuren können die Kilos abgenommen werden.

Bei der Bewußtmachung der inneren Ängste und Ursachen für die Gewichtszunahme muß auch die innere Einstellung beziehungsweise das Selbstbild des Betreffenden berücksichtigt werden. Manches Selbstbild fordert das Dicksein geradezu heraus. »Ich bin unglücklich, weil ich dick bin!« oder »Ich nehme doch nicht ab!« und ähnliche negative Selbstbilder, die das Dicksein besiegeln und das Abnehmen aufgrund der ständigen Wiederholung im Unterbewußtsein verhindern, müssen umprogrammiert werden. Wenn man den Weg nach innen geht, so muß man alle hemmenden Probleme hinter sich lassen und frei von Sorgen und negativen Gefühlen werden!

Lerne dich selbst einmal näher kennen – du wirst bald sehen, daß es sich lohnt. Schau dir ernst und gelassen in die eigenen Augen. Akzeptiere dich dann so, wie du bist, und versuche im nächsten Schritt, dein falsches Selbstbild zu ändern. Wichtig sollte dir dabei sein, daß du deine negativen Gewohnheitsmuster abbaust und dich positiv programmierst: Erkenne in allem, was dich umgibt, das Gute und Wahre. Laß alle Last, Neid und Eifersucht von dir abfallen, und gib dich deiner inneren Liebeskraft hin. Wenn du dich um diesen Weg eine Zeitlang bemühst, so wird es dir nicht nur spielend leicht fallen, deine Idealfigur zu erreichen,

sondern es werden sich auch die anderen Probleme in deinem Leben wie von selbst lösen. Die Kraft des positiven Denkens wird so stark in dir erwachen und wachsen, daß du in allen Lebenslagen glücklich und zufrieden wirst.
Dieses neue Bewußtsein bringt dir das MENTAL-TRAINING näher, das speziell für Gewichtsabnahmen entwickelt wurde. Mit Hilfe dieser Übungen kannst du dich selbst besser kennenlernen, deine Probleme analytisch betrachten, aber auch dein Unterbewußtsein positiv programmieren. Es wird dir nicht nur möglich sein, abzunehmen, sondern auch dein Gewicht zu halten!
Meditations- und *Yogaübungen* (siehe S. 104ff.) bringen dich deinem Selbst näher und helfen durch die entstehende Verbindung deines Bewußtseins mit deiner Intuition (= dein wahres Selbst), negative Schwingungen beziehungsweise Gedanken und Gefühle zu neutralisieren. Je mehr du dich nach innen richtest, um so mehr übernimmt deine Intuition die Führung. Intuitive Menschen strahlen mehr Positivität und Liebe aus, sie haben es leichter im Leben. Sie sind auch selbstbewußter, was eine ganz wichtige Eigenschaft zur Wiedererlangung des persönlichen Glücksgefühls ist. Untersuchungen haben gezeigt, daß Übergewichtige im Durchschnitt unter mangelndem Selbstbewußtsein leiden. Dies hängt häufig mit früheren Schicksalsschlägen zusammen. Daher haben wir auch verschiedene *Übungen zur Wiedererlangung von Selbstbewußtsein* (siehe S. 34) angeführt, die für alle jene Leser zu empfehlen sind, die aufgrund von persönlichem Unglück an Gewicht zugenommen haben. Die gefühlsbedingte Loslösung von diesen vergangenen Ereignissen liegt uns dabei besonders am Herzen. Wie man sich oft gerne von alter, abgetragener Kleidung trennt und diese in den Mülleimer wirft, so sollte man auch mit seinen Enttäuschungen umgehen! Wirf die unglücklichen Tage deiner Vergangenheit einfach weg! Werde ein neuer Mensch, der wieder Vertrauen zu sich und zu seiner Umgebung gewinnt!

Auch wenn du dir nun sagst: »Bei mir ist es besonders schlimm gewesen, ich kann es einfach nicht vergessen«, so versuche es trotzdem einmal: Stell dir dein zukünftiges Leben vor, wie es wohl aussehen würde, wenn du dein Problem wirklich ganz vergessen würdest. Es würde sicher schöner sein als heute! Um sich von seiner Vergangenheit trennen zu können, sind manchmal Mut und ein starker Wille notwendig. Mach dir doch Mut, und stärke deinen Willen! Wenn du deine falschen Programmierungen erkannt hast, so hast du schon den ersten Schritt zur Lösung deiner Probleme getan. In den einzelnen Kapiteln findest du genaue Hinweise, wie du deine Probleme erkennen und lösen kannst. Mit den inneren Problemen können auch die sogenannten äußeren Probleme, nämlich das hastige und zu schnelle Essen, gelöst werden. Erst wenn man bewußt und langsam ißt, kann man eine neue Eßgewohnheit entwickeln, die einem Freude und Zufriedenheit bringt. Diese Freude entspricht keiner Befriedigung der »Freßsucht«, sondern ist einer inneren Erkenntnis ähnlich: Nahrungsaufnahme und Nahrungsverarbeitung als intuitiver Prozeß. Auch das Essen selbst kann als Meditation betrachtet werden, wie du in den nächsten Kapiteln noch ausführlich lesen wirst. Wenn das Essen vor dir steht, so betrachte es nicht nur als Objekt deiner Essenslust. Denk auch darüber nach, woher es kommt, und danke für alles, was du bekommst. Erfreue dich an den Farben der Nahrungsmittel. Betrachte die Speisen liebevoll. Versuche alle störenden Gedanken beim Essen auszuschalten. Übe dich zumindest einige Tage darin, bis du ruhiger und bewußter essen gelernt hast. Lenke dich nicht mit Fernsehen, Zeitung oder Buch vom Essen ab, sondern nimm alles bewußt wahr: Wenn du einen Bissen zum Mund führst, so beobachte dich dabei. Kaue jeden Bissen etwa dreißig Mal. Auch beim Kauen solltest du ganz »dabei« sein, ganz im Hier und Jetzt, und du solltest alle störenden Gedanken abschalten können. Alte Kulturen nennen diese Übung Erlernen der inneren Aufmerksamkeit. Mit Hilfe der Betrachtung der Zustände wird man zum Zustand selbst. Dieses Erlebnis im Hier und Jetzt erfüllt dich mit Freude, und du möchtest es wieder erleben und wieder erfühlen. Wenn es dir nicht gleich beim ersten Mal gelingt, dieses neue Eßbewußtsein zu erleben, so laß dir damit Zeit. Versuche nicht durch ungeduldiges Drängen das Aufkeimen dieser inneren Freude zu stören. Es handelt sich um einen Zustand, der erst nach dem ersten Erlebnis voll und ganz erkannt wird.

Um dieses neue, kontrollierte Eßbewußtsein zu entwickeln, bedarf es nur einer einzigen Erkenntnis. Der Weg bis zum Ziel kann aber trotzdem lange dauern. Mit der Umprogrammierung deines Unterbewußtseins ist zwangsläufig eine neue Einstellung zum Essen verbunden. Übergewichtige essen wohl kaum, um nur ihren Körper zu ernähren. Meist werden damit auch emotionale Bedürfnisse befriedigt. Wenn man jemanden befragt, warum er zuviel ißt, mehr, als sein Körper benötigt, bekommt man meist die Antwort, daß es sich um eine Angewohnheit handelt, um eine langjährige Verhaltensweise, die manchmal anerzogen oder durch verschiedene Umstände bedingt erworben wurde. Gehe doch einmal deiner falschen Einstellung zum Essen auf den Grund, und prüfe, bevor du dieses Kapitel weiterliest, deine eigene Einstellung zum Essen:

Überlege dir auch deine falschen Eßgewohnheiten, zum Beispiel: zu viele Süßigkeiten, ungesundes Essen, zuviel Kohlehydrate oder Fette, Essen aus Einsamkeit, aus Liebesmangel, falscher Hunger, zuwenig Sport, Alkohol, häufige Konditoreibesuche, hastiges Essen, Mangel an Mineralstoffen und Vitaminen, Krankheiten (etwa Schilddrüsenunterfunktion) usw.

____

____

____

____

____

Überlege dir jetzt, *wie* du essen möchtest:

____

____

____

____

____

Ernährung ist eine ganz grundlegende und wichtige Sache, mit der sich jeder einmal auseinandersetzen sollte. Was gesund für den Körper ist und wie die Nahrung aufgenommen werden soll, um bestmöglich zum Wohl von Körper und Geist zu wirken, sollte uns schon in der Schule beigebracht werden. Gesundheit und ein hohes Lebensalter frei von Krankheiten, die auf Kosten von falscher Ernährung gehen, sind für jeden Menschen wichtiger als vieles andere, was im Unterricht gelehrt wird. Wieviel lernen wir und vergessen es schon nach der Prüfung! Aber wie man sich richtig ernährt und was gesund für uns ist, lernen wir in der Schule nicht. Nimm dir genug Zeit, dich mit Ernährungsgrundsätzen auseinanderzusetzen, damit du dir dein Essen nach den richtigen Gesichtspunkten zusammenstellen kannst. Im Kapitel »Grundsätze bewußter und gesunder Ernährung« (siehe S. 111 ff.) findest du einige interessante Anregungen dazu; auch im Literaturverzeichnis (siehe S. 136 f.) sind einige Bücher aufgeführt, die dir weiterhelfen.

Eßgewohnheiten loslassen

Wähle deine Nahrung so aus, daß du nur wirklich gesunde Nahrungsmittel zu dir nimmst. Meide zu viele Kohlehydrate, Fleisch und Zucker. Gewöhne dir an, Vollwertprodukte, Getreide und Gemüse zu essen. Vegetarische Ernährung ist nicht nur gesund, sondern macht auch schlank. Oder hast du schon einmal einen dicken Vegetarier gesehen? Bereits nach einigen Monaten vegetarischer Ernährung hat sich dein Darm so umgestellt, daß du nie wieder unter Verstopfung leidest. Auch bekommst du mehr Kraft und Energie. Denke doch einmal daran, daß sich viele Sportler vegetarisch ernähren! Bereits 95 Prozent aller Skispringer sind Vegetarier, und wie oft hört man, daß Fußballer einige Tage vor einem großen Match kein Fleisch zu sich nehmen. Immer mehr Menschen machen positive Erfahrungen mit vegetarischer Ernährung. Die Zahl der vegetarischen Lokale nimmt zu, sogar in Werkskantinen wird oft ein vegetarisches Menü als Alternative angeboten.
Fleisch ist auch für die geistige Entwicklung nicht förderlich. Fast alles Fleisch, das in den Geschäften angeboten wird, stammt aus Tierfabriken, in denen Hühner, Schweine, Kälber eng zusammengepfercht leben müssen. Um dieses qualvolle Dasein auszuhalten, werden sie mit Antibiotika, Östrogen, Thyreostatika, Tranquilizern, Beta-Rezeptorenblockern u. a. gefüttert.

Nach der Schlachtung wird ihr Fleisch mit Nitraten und Nitriten versetzt, damit es länger rot bleibt. Nachweislich bringen die Hormone und die anderen Giftstoffe im Fleisch bei Frauen den Stoffwechsel durcheinander und setzen bei Männern die Potenz und die geistige Leistungsfähigkeit herab. Wissenschaftliche Untersuchungen haben ergeben, daß die Schilddrüse und das Herz angegriffen werden und daß viele Gifte krebsfördernd wirken. Nicht umsonst sollen sich Krebskranke vegetarisch ernähren. Da der Mensch von Natur aus ein Pflanzenesser ist, hat er auch einen entsprechend langen Darm. Anders als z. B. Raubtiere, die das Fleisch in ihrem kurzen Darm rasch verdauen, wird im menschlichen Darm das Fleisch zu lange zurückbehalten, was auch zu Verdauungsproblemen und Gewichtszunahme führen kann. Daher ist es fast ausgeschlossen, daß man, wenn man vegetarisch lebt, zunimmt. Auch Fäulnisbakterien, die im Darm durch die Fleischaufnahme entstehen, stören die Verdauung. Diese Bakterien verteilen sich im ganzen Körper über die Blutbahn. Die Folgen davon können sein: Pickel, Pusteln, Fisteln, Ekzeme, Geschwüre, Knoten, Tumore, Rheuma, Gicht, hoher Blutdruck, Herzinfarkt. Fleisch hat schließlich eine negative Wirkung auf das Seelenleben beziehungsweise auf die gesamte geistige Weiterentwicklung des Menschen. Der niedrige Schwingungsfaktor des Fleisches hemmt intuitive Gedanken und Gefühle.

Nahrung setzt sich nicht nur aus rein chemischen Bausteinen zusammen, die im Stoffwechsel ausgetauscht werden, sondern ist auch makrokosmischer Geist. Die Pflanzen haben höhere Schwingungen als Tiere, da sie nicht triebhaft veranlagt sind. Der innere »Archaeus«, so nannte Paracelsus den Alchemisten in uns, ist für den Umwandlungsprozeß der Nahrung in uns verantwortlich. Wie eben erwähnt, hat jede Nahrung bestimmte makrokosmische Schwingungen, die wir im Verdauungsprozeß in mikrokosmische Kraft umwandeln. Daher sollten wir nur jene makrokosmischen Schwingungen für unsere Nahrung bevorzugen, die für uns besonders gesund sind. Viele alte esoterische Schulen lehrten diese Weisheiten. Die Pythagoräer und Orphiker waren strenge Vegetarier, da Fleischgenuß »animalische« Eigenschaften, Hitze und Wut fördere. Heute findet man vegetarische oder makrobiotische Ernährungslehren vor allem bei den östlichen Religionen. Aber auch verschiedene kleine afrikanische Völker, z. B. die Tsembage im Hochland von Guinea, meiden Fleisch, weil es aggressiv macht. Dieser Meinung war auch Rudolf Steiner, der Begründer der Anthroposophie. Er setzte übrigens sogar den Nährwert einer Kunstdüngerpflanze weit unter den einer in natürlicher Vegetation wachsenden und betrachtete eine »biologische« Landschaft, die sich an kosmischen Rhythmen orientiert, als der Heilung förderlich. Auch wenn man in Europa noch, verglichen mit der Bevölkerungszahl, wenig Vegetarier findet, so gibt es weltweit insgesamt über drei Milliarden Vegetarier, wovon die meisten Ostasiaten sind.

Eine alte indische Ernährungslehre teilt die Nahrungsmittel in drei Kategorien ein: die hellen, reinen und leichten Nahrungsmittel heißen »Sattva« (z. B. Kräuter, Honig, Nüsse, Milch und Obst), die »Rajas« sind die heißen, scharfen und aktiven Nahrungsmittel, während zu den »Tamas« die dunklen, faulen und toten Nahrungsmittel (u. a. auch das Fleisch) zählen. Die normalen Menschen sollen sich nur von den Sattvas ernähren, für die Krieger sind auch die Rajas zugelassen, die Tamas sollten von allen gemieden werden.

Die meisten Religionen haben gemäß den jeweiligen landwirtschaftlichen Bedingungen Ernährungsgrundsätze aufgestellt. Sie enthalten immer Hinweise auf fleischlose Ernährung. Manchmal findet man sogar konkrete Informationen über die einzelnen Früchte und Gemüse. Für uns Europäer ist es wichtig, auch verschiedene andere ungesunde Nahrungsmittel zu vermeiden.

Dazu gehört u. a. der weiße Zucker. Er vermag nicht wirklich den Hunger zu stillen, sondern er löst nur ein neues Appetitgefühl aus, wie folgende Beschreibung unseres Gehirns zeigt.
Im Hypothalamus findet man das Appetit- und das Sättigungszentrum. Erreicht der Blutzuckerspiegel einen hohen Wert, wird das Sättigungszentrum aktiviert und das Appetitzentrum gehemmt. Um vom Körper richtig aufgenommen zu werden, löst der Zucker bei der Verdauung biochemische Reaktionen aus, die zu einem starken und schnellen Absinken des Blutzuckerspiegels führen! Dadurch wird das Appetitzentrum aktiviert. Wenn du nun ein Stück Schokoladentorte ißt, so verspürst du bald wieder Hunger. Daher führen zuckerhaltige Speisen zu erhöhter Gewichtszunahme. Für die allgemeine Gesundheit wäre es wohl am besten, wenn ein internationales Verbot von Zucker bestünde. Zumindest der Weißzucker sollte unter ein solches Verbot fallen. Wir wären dann nicht nur gesünder, sondern würden auch weniger Probleme mit der Figur haben, sportlicher und aktiver sein!

Folgende Tips helfen dir, dein Appetitzentrum positiv zu beeinflussen:

a) Mäßige dein Eßtempo! Kaue jeden Bissen dreißig Mal, dann tust du mit dem Einspeicheln der Speisen nicht nur etwas für deinen Körper, du lernst dabei auch, deine Hast und Eile, die vielleicht bisher für deine Gewichtszunahme verantwortlich waren, abzubauen.

b) Vor dem Essen solltest du deine Nahrung betrachten. Erfreue dich an den Speisen, und rieche sie. Stell dir auch einmal vor, von wo die vielen guten Dinge, das Gemüse, der Salat und das Obst, kommen. Danke für das Essen, bevor du es zu dir nimmst. Die Mehrheit der Menschen muß hungern, schon das ist ein Grund zur Dankbarkeit! Du kannst auch ein kleines Gebet vor dem Essen oder nach dem Essen sprechen. Auch diese Übungen helfen dir, nicht nur angenehmere Essensgewohnheiten zu erlernen bzw. deine Begierden zu zügeln, sondern fördern auch innere Gelassenheit beim Essen und sollten daher in dein Gewichtsreduzierungsprogramm eingeplant werden.

c) Wenn du dich beim Essen wirklich nur auf die Speisen konzentrierst und nichts anderes dabei denkst, wenn du also das Essen in einer meditativen Grundhaltung einnimmst, dann wirst du bald erkennen, daß es beim Essen noch viel mehr Freuden als nur das Sättigungsgefühl gibt. Wenn du deine Gewichtsabnahme ernst nimmst, dann schreibe dir alle störenden Gedanken auf, die dich hindern, konzentriert zu essen. So lernst du von deinen Begierden loszukommen, dabei aber ein viel größeres, inneres Vergnügen beim Essen zu entwickeln: nämlich echten intuitiven Genuß!

d) Such deine Nahrungsmittel verantwortungsbewußt aus. Geh mit deinem Körper liebevoll um, gib ihm nur das, was wirklich gesund und nahrhaft ist! Such dir dein tägliches Menü nach gesundheitlichen Gesichtspunkten aus, wie sie im Kapitel »Grundsätze bewußter und gesunder Ernährung« (siehe S. 111 ff.) erläutert sind. Achte auf genügend Vitamine und Mineralstoffe, meide weißen Zucker und zuviel Kohlehydrate! Beim Kochen sei behutsam, hetze nicht, sondern lerne auch hier Sorgfalt und Konzentration: Geh dabei mit den Nahrungsmitteln liebevoll um, freu dich über die Farben und Gerüche. Mische und rühre mit Bedacht. Auch wenn du berufstätig bist und viele Ausreden hast, daß dir zum Kochen keine Zeit bleibt, sollte dir das Kochen trotzdem als tägliche Meditationsübung wichtig sein. Meditatives Kochen entspannt.

e) Wenn es dir noch schwerfällt, dich an den Geschmack von *Vollwertkost* zu gewöhnen, oder wenn du bisher deinen Geschmack vor allem auf Süßes, Fleisch oder Kohlehydrate ausgerichtet hast, so werden dir folgende Übungen helfen, dich an Vollwertkost zu gewöhnen:

Beeinflussung deines Geschmackes durch Vorstellungskraft: Setz dich zu einem Vollwertessen, und stell dir vor, daß dir der Geschmack des Essens angenehm ist. Beeinflusse auf diese Weise deine Geschmacksnerven ganz gezielt. Wenn du das Vollwertessen langsam zu dir nimmst, kannst du den guten, natürlichen Geschmack besser erspüren. Laß dir beim Essen Zeit.

Beeinflussung deines Geschmackes durch Affirmationen:

»Vollwertessen schmeckt mir genauso gut wie...« (Setze hier deine Lieblingsspeise ein.)

»Mein neues Lieblingsgericht heißt...«

»Fleisch ist nicht gesund für mich. Es bringt mir nicht wirklich Energien, sondern belastet meinen Darm.«

»Vegetarische Vollwertkost reinigt meinen Körper von allen Schlacken und Giften.«

»Vollwertessen hält mich jung und gesund.«

»Ich ernähre mich gesund!«

»Ich liebe Vollwertgerichte.«

»Ich koche gerne Vollwertessen.«

»An den Geschmack von Vollwertnahrung gewöhne ich mich bald.«

»Vollwertkost macht mich satt.«

»Vollwertkost kräftigt mich!«

»Ich, ..., stelle mich um auf Vollwertkost.«

»Die Umstellung auf Vollwertnahrung fällt mir leicht.«

»Ich koche mit viel Liebe mein Vollwertessen.«

»Mit Vollwertessen beuge ich Krankheiten vor.«

Gemeinsames Essen mit Personen, die bereits einige Zeit vegetarisch leben: Konzentriere dich auf den Stil und auf den Appetit dieser Personen. Versuche intuitiv, ihre Essensgewohnheiten anzunehmen und selbst nachzuvollziehen. Wehre dich innerlich nicht dagegen, sondern laß los von deinen alten Eßgewohnheiten. Denke dir auch dabei, daß der Geschmack wirklich nur etwas Relatives ist und stark von der Erziehung und von gesellschaftlichen Gegebenheiten abhängt. Das wird besonders deutlich, wenn man die Eßgewohnheiten verschiedener Völker beobachtet. Bilde dir selbst deine Eßgewohnheit! Lerne deinen Geschmack auf gesundes Essen auszurichten. Die Meditationsübungen S. 79ff. helfen dir deine Intuition zu verbessern, so daß du auch deine Nahrung intuitiv auswählen kannst. Du kannst von innen heraus erfühlen, was für dich gesund und was schädlich ist. Programmiere dein Unterbewußtsein so, daß du nur gesunde Produkte essen möchtest. Dabei helfen dir zum Beispiel folgende Affirmationen:

»Ich, ..., weiß immer genau, was für mich gesund ist.«

»Gesunde Nahrungsmittel schmecken mir besonders gut!«

»Wenn mir etwas Schlechtes vorgesetzt wird, spüre ich das intuitiv und esse es nicht.«

»Ich, ..., ziehe Vollwertkost anderem Essen vor. Ich weiß, Vollwertkost ist gesund für meinen Körper und meinen Geist.«

Diese Methode der Programmierung des Unterbewußtseins hat bereits Menschen geholfen, Darmkrankheiten zu vermeiden. Einmal erzählte uns jemand, daß er mit einer kleinen Gesellschaft beim Mittagessen war. Im Menü wurde eine Linsensuppe angeboten. Er und einige seiner Freunde bestellten es. Als die Suppe serviert wurde, die mit einer kleinen Portion Rahm recht appetitlich aussah, hatte der Betreffende das Gefühl, daß er sie nicht essen dürfe. Seine Arbeitskollegen wunderten sich über sein Verhalten, er jedoch blieb bei seiner ablehnenden Haltung. Später stellte sich heraus, daß es sich wirklich um eine alte, aufgewärmte Linsensuppe gehandelt hatte. Alle anderen, die die Suppe gegessen hatten, bekamen Bauchkrämpfe oder Durchfälle. Einer konnte am nächsten Tag nicht ins Büro kommen, bei ihm hatte die verdorbene Linsensuppe sogar eine fiebrige Darmkolik ausgelöst. (Wie man mit den Affirmationen arbeitet, damit sie schnell wirken und einen möglichst großen Erfolg zeitigen, kannst du im Abschnitt »Positives Denken und Affirmationen« [siehe S. 36 ff.] lesen.)

Selbstbewußtsein durch innere Neuorientierung

Übergewichtige Personen, bei denen die Essensaufnahme bereits zwanghaft geworden ist, leiden häufig unter mangelndem Selbstvertrauen. Oft werden sie heimlich von anderen ausgelacht, oder sie bestrafen sich selbst, indem sie aufgrund ihres dicken Aussehens nicht mehr unter andere Menschen gehen wollen. Manchmal haben dicke Menschen den inneren Halt völlig verloren. Sie mögen sich selbst nicht mehr und sehen das Essen als einzige Möglichkeit, ihr Unglück zu vergessen. Einsam und ohne Liebe vertilgen sie immer größere Mengen an Speisen.
Es ist ähnlich, wie Friedrich Nietzsche gesagt hat: Man unterwirft sich einem Gott, der täglich sein Speiseopfer braucht, der Bauch wird zum Gott! Da man sich nie aufrafft, um von den Eßbegierden loszukommen, können sich Eßsucht und Depression jeden Tag von neuem abwechseln. Leider sind solche Menschen ganz stark in sich gefangen. Meist erkennen sie nicht einmal, daß sie sich in einem ganz schlimmen Gefängnis der Gefühle befinden. Ihr Unglück dauert schon zu lange, als daß sie es sich bewußt machen könnten. Doch wäre ein solches Bewußtmachen der erste Schritt in eine bessere Zukunft.
Wir sollten echtes Selbstbewußtsein entwickeln, d. h.: Unser Geist ist frei, wir sind uns unser selbst voll bewußt, wir haben

unsere Gefühle und Begierden in der Hand und können sie kontrollieren. Das klingt wirklich nicht so schwer, wie du vielleicht im ersten Augenblick glaubst! Wenn du frei bist von negativen Emotionen, wenn dich die Meinung von anderen Menschen gleichgültig läßt, so ist das Selbstbewußtsein in dir schon erwacht. Auch das Akzeptieren des eigenen Körpers, der Eigenschaften, Begierden und Triebe ist ein kleiner Schritt in diese Richtung. Lobe dich doch einmal selbst: Ich mag mich, wie ich bin. Ich mag mich so, wie ich aussehe. Leider gibt es in unserer Gesellschaft harte Wertmaßstäbe: Es sind nicht immer gute und freundliche Menschen, die bei den anderen ankommen, sondern äußerlich zurechtgemachte und vermögende. Diesen oberflächlichen Wertmaßstäben jedoch brauchst du dich nicht zu beugen. Überlege dir, was für *dich* gut und schlecht ist. Gehe deinen eigenen Weg, richte dich so aus, daß es dir und deinem Selbstbewußtsein zugute kommt. Befreie dich von Menschen, die dich nicht so akzeptieren können, wie du bist. Aber bemühe dich auch andererseits, dein Idealbild, das du von dir hast, zu verwirklichen. Führe einige Wochen lang das »Denk-dich-schlank«-Mentalprogramm durch, und du wirst Erfolg haben. Dein Glück liegt ganz in deiner Hand! Durch die vielen angeführten Übungen, vor allem durch die Affirmationen und Visualisierungen, aber auch mit Hilfe von Meditation und Yoga wird es dir bald möglich sein, ein neues Selbstbild zu schaffen. Stell dir den Körper vor, den du gerne hättest: vital, schlank und geschmeidig! Mit Hilfe des MENTAL-TRAININGS wird deine Wunschvorstellung bald Wirklichkeit!

Schlanksein mit Hilfe des MENTAL-TRAININGS

Lösung von falschen Eß-Programmen der Vergangenheit

Im MENTAL-TRAINING werden verschiedene kontemplative psychotherapeutische Methoden verwendet; dazu gehören Autosuggestion, Meditation, Yoga, Imagination, positives Denken und andere Techniken, die aus alten Kulturen stammen. Das MENTAL-TRAINING hilft dir nicht nur abzunehmen und dein Gewicht zu halten, sondern du kommst mit Hilfe der Übungen auch deiner Intuition näher. Weiterhin kannst du folgende Ziele verwirklichen:

- ein glückliches Leben führen,
- deine Intuition richtig einsetzen,
- selbstbewußt sein,
- Unruhe und Streß abbauen,
- Konflikte und Probleme lösen lernen,
- Ziele setzen und verwirklichen,
- erfolgreich sein,
- deine geistigen Fähigkeiten richtig nutzen,
- deine Partnerschaftsprobleme lösen lernen.

Wenn du dich zu einem MENTAL-TRAINING entschließt, dann solltest du folgende Sätze mit einem Ja beantworten können:
»Ich will positives Denken verwirklichen.«

»Ich will mein Leben selbst in die Hand nehmen.«
»Ich bringe Ausdauer und Ernst bei der Durchführung der Übungen mit.«
»Ich bin offen gegenüber neuen psychologischen Methoden.«
Wenn man bedenkt, daß etwa 90 Prozent der Gewohnheiten unbewußt ablaufen, erscheint es angeraten, sich mehr zu beobachten und bewußter zu steuern. Wir sollten einen Weg einschlagen, der es uns ermöglicht, bewußter und konzentrierter das Tagesgeschehen zu erleben. Dabei ist es besonders wichtig, unbewußte negative Gewohnheitsmuster zu erkennen und diese abzubauen. Bemüh dich daher, dir auch alle negativen Energien, die du während eines Tages ausstrahlst – z. B. Aggression, Wut, Eifersucht, Mißgunst, Begierden, Ängste und Hemmungen –, bewußt zu machen und beim nächsten Mal in einer ähnlichen Situation anders, nämlich frei von der negativen Emotion, zu reagieren. Schreibe folgendes auf:
Welche negativen Energien belasten mich am stärksten?

___

___

___

Wann und wo fällt es mir am schwersten, mich zu beherrschen?

___

___

___

Was nehme ich mir vor?

___

___

___

Wenn man seine Gefühle steuern lernt, so hilft man sich damit nicht nur selbst, sondern auch seiner Umgebung. Manchmal genügt bereits die Erkenntnis, daß man eine negative Eigenschaft ablegen sollte. Durch die Lockerung psychischer Blockaden wird der Weg ins innere Selbst frei. Durch die Arbeit an sich selbst lassen sich auch viele Probleme lösen, die mit der Gewichtszunahme zu tun haben: Partnerkonflikte werden leichter genommen oder abgebaut, Depressionen verschwinden, man findet sein Selbstbewußtsein wieder, manchmal läßt sogar die »Vorratssucht« nach, die gelegentlich auch verantwortlich für das Dickwerden sein kann. Nimm dir vor, nicht nachtragend zu sein, Vergangenes zu vergessen und immer offen für Neues zu sein. Such den Kompromiß, wenn es irgendwie möglich ist, auch wenn du dem anderen mit viel Toleranz entgegenkommen mußt! Arbeite aber auch deine eigenen Schuldgefühle anderen gegenüber auf. Schuldgefühle stören nicht nur dein Selbstbewußtsein, sondern hemmen auch deinen Erfolg im MENTAL-TRAINING.

Nachdem du dir selbst mit Hilfe einer Überprüfung deiner Eßgewohnheiten, deiner alten Programmierungen und der Eßgewohnheiten deiner Familie ein wenig nähergekommen bist, kannst du beginnen, dir deine Ziele zu setzen: Durch ein Denktraining kannst du dich neu programmieren; die Kraft des positiven Denkens, schöpferische Visualisierung und Imagination von Wunschbildern bringen dich deinen Zielen näher. Wenn du dir einmal selbst etwas nähergekommen bist und auch dein Inneres kennengelernt hast, dann kannst du mit deiner MENTAL-DIÄT beginnen!

Oft ist es der eigene Geist beziehungsweise sind es unbewußte Gewohnheiten, die dich in deiner Bewegungsfreiheit einschränken und gefangenhalten! Wie oft entschließt man sich zu einer Abmagerungskur oder nimmt sich zumindest vor, auf die Nachspeise zu verzichten, und wie selten hält man sich an diese Vorsätze! Immer wieder brechen alte Verhaltensmuster, Wil-

lensschwäche und Eigenschaften, die man sich vor Jahren vielleicht schon angeeignet hat, sogenannte falsche Programmierungen, durch und machen dich zum Sklaven! Daher gilt es, sich derartige Programmierungen bewußt zu machen und sie durch neue, positive Verhaltensmuster zu ersetzen. Wir haben für dich ein ganz spezielles MENTAL-MENÜ zusammengestellt, das dir helfen wird, dich von deinen alten Gewohnheiten zu befreien! Wenn du die Übungen konsequent durchführst, wird dir das Abnehmen bald gelingen, und es wird dir sogar mit Hilfe deines neuen Denkens möglich sein, dein Gewicht zu halten. Mit Hilfe des für dich erarbeiteten MENTAL-TRAININGS hast du bald keine Figurprobleme mehr!
Der Aufarbeitung von inneren Erlebnissen, die zur Gewichtszunahme beigetragen haben, kommt besonderer Stellenwert zu. Unbewußte Spannungen, Fluchtmechanismen, Empfindungen eigener Unzulänglichkeit, Einsamkeit, das Gefühl des Nichtgeliebtwerdens und plötzliche unerwünschte Veränderungen im Gefühlsbereich stören die innere und äußere Harmonie und veranlassen den Betroffenen häufig, seine gefühlsbedingten Probleme mit mehr Essen zu kompensieren. Solche Gewohnheiten, die man sich in der Vergangenheit einmal angeeignet und seither nicht mehr abgewöhnt hat, müssen nun bewußt gemacht werden, um eine Lösung der dickmachenden Eßgewohnheiten zu ermöglichen! Z. B. weicht man bei Liebesmangel manchmal auf das Essen aus, vor allem Süßigkeiten sind dann bevorzugter Liebesersatz. Wird einem einmal der Auslöser einer solchen unterbewußten Gewohnheit bewußt und arbeitet man die schwierige Situation, die sich in der Vergangenheit zutrug, auf, so ist es möglich, sich von seinem Eßzwang völlig zu befreien! Manchmal ist es ein bestimmtes Erlebnis, das den Eßzwang ausgelöst hat: der Tod des Partners oder eines Elternteils, eine plötzlich auftretende Streßsituation, Berufswechsel oder Trennung, Arbeitslosigkeit, Eintritt in das Berufsleben

usw. Die durch die Lebensveränderung auftretenden und schmerzhaft empfundenen Gefühle wurden einfach »hinuntergeschluckt«. Das Essen soll uns für diese unangenehmen Gefühle entschädigen. Auch in anderen Situationen, die als schwierig erlebt werden, weicht man nun aufs Essen aus. Alleinsein, Gelangweiltsein werden nicht mehr psychisch bewältigt, sondern das Essen dient als Trost. Häufen sich die Situationen, die als unangenehm erlebt werden, so kann Essen zu einer Sucht werden.

Die folgenden Übungen sollen nun helfen, solche Gewohnheiten bewußt zu machen. Vielleicht hast du das eine oder andere Erlebnis noch nicht ganz »verdaut«. Vielleicht schleppst du auch noch negative Gefühle mit dir herum. Sei ehrlich mit dir selbst, und gestehe dir deine Probleme auch ein! Jeder von uns hat doch seine Fehler, und lösen können wir sie nur, indem wir sie uns bewußt machen und uns so von ihnen befreien! Laß dir auch Zeit beim Antworten, schreib alles offen und ehrlich nieder, was dir zu den einzelnen Fragen einfällt. Versuche dabei auch, dich so zu akzeptieren, wie du bist: also keine Kritik, sondern nur Bewußtmachen der Vergangenheit!
Seit wann habe ich an Gewicht zugenommen? Was war die auslösende Veränderung, die damals in meinem Leben passierte? Welche Gefühle hatte ich damals, woran hänge ich noch fest? (Wenn du dich daran nicht mehr erinnern kannst, so können dir bei der Rückbesinnung Meditation, Visualisierung oder Selbsthypnose helfen.

____

____

____

____

Wie sehe ich die vergangene Situation heute? Ist sie für mich gelöst, oder fühle ich mich noch immer belastet?

___

___

___

Wenn dich die damalige Situation noch immer bedrückt, so versuche dich gedanklich zurückzuversetzen. Stelle dir dabei vor, daß du die Probleme nicht durch mehr Essen »löst«, sondern mental bewältigst. Diese Übung solltest du einige Wochen lang durchführen. Vielleicht kann dir auch jemand in deiner Bekanntschaft dabei helfen. Wenn man mit jemandem über seine Probleme spricht, dann ist plötzlich alles viel leichter. Manchmal – z. B. bei einer Trennung – ist es wichtig, daß man dem anderen Teil verzeiht. Wichtig ist dabei, daß du ihm/ihr wirklich verzeihst, aus ganzem Herzen. Dabei helfen dir auch Affirmationen wie »Ich verzeihe... (Name einsetzen)« »Ich, ... , lasse los von...« »Ich, ... , lasse... frei und gehen, wohin es sein/ihr Schicksal bestimmt hat!« Oder stell dir einfach vor, diese Person säße jetzt dir gegenüber. Sprich dich in Gedanken mit ihm/ihr aus. Sage ihm/ihr nochmals alles, was dir dein Herz schwermacht, und schließe dein geistiges Gespräch mit den Worten »Ich verzeihe dir alles...« oder »Ich vergebe dir...«. Wenn du dir aber auch selbst verzeihen willst, so sag einfach zu dir selbst »Ich verzeihe mir«, z. B. wenn du deiner Freundin untreu warst; dabei kannst du in einen Spiegel schauen. Wichtig ist, daß du aus dieser alten Situation ganz herauskommst und daß du auch innerlich von den (Eß-)Gewohnheiten, die damals entstanden sind, loslassen kannst. Durch die Veränderung des Bewußtseins kann bei manchen Menschen eine Art Frustration entstehen. In diesem Fall solltest du dir etwas Schönes gönnen, dich irgendwie ablenken, damit du deine neuen Gewohnheiten dann besser wahrnehmen kannst. Manchmal, wenn man schon als Kind dick wurde, ist eine genaue Rekonstruktion der eigenen Situation mit Hilfe von Verwandten und Bekannten möglich. Vielleicht helfen dir Familienerzählungen weiter oder andere Erinnerungen.

Nicht unwichtig für die Offenlegung von Eßgewohnheiten ist eine Reflexion der Familienkonstellation: Leidet auch jemand anderer aus deiner Familie an Übergewicht? Habt ihr ähnliche Eßgewohnheiten? Bist du häufig mit dem Betreffenden zusammen? Welche anderen Ähnlichkeiten bestehen in eurem Eßverhalten?

____

____

____

____

____

Paul war 38 Jahre alt, 1,80 m groß. Seit seinem 24. Lebensjahr nahm er über 20 kg zu, obwohl Paul regelmäßig Sport betrieb. Bei seiner Rückbesinnung kam er zu folgenden Ergebnissen: Um sein 24. Lebensjahr verließ er seinen Heimatort, um in einer größeren Stadt ein Studium zu absolvieren. Da er als einziges Kind sehr an seiner Mutter hing und ihm diese nicht verzeihen konnte, daß er von zu Hause wegzog, kompensierte er die räumliche Trennung durch eine kräftige Zunahme des Körpergewichts. Innerhalb von wenigen Monaten nahm Paul etwa 15 Kilo zu. Das Studium gefiel ihm sehr, und er hatte keine Probleme, seine Prüfungen nach Stipendienvorschrift zu absolvieren. Obwohl er während seines Studiums einige Mädchen kennenlernte, konnte ihm keine Beziehung helfen, die Angst vor dem Verlust seiner Mutter zu bewältigen. Nach dieser Rückbesinnung hat Paul das Mental-Training geholfen, seine alten Situations-

ängste abzubauen. Folgende Affirmationen hörte sich Paul täglich auf einem Endlos-Tonband an:
»Meine Mutter ist glücklich, wenn ich glücklich bin.«
»Ich, Paul, bin alt genug, um meine eigenen Wege zu gehen.«
»Ich, Paul, lebe mein eigenes Leben.«
»Ich, Paul, bin frei geboren und kann gehen, wohin ich will.«
»Ich, Paul, löse mich von allen inneren Bindungen, die mich belasten.«
»Wenn ich an meine Mutter denke, habe ich keinen Hunger. Dann möchte ich nichts essen. Dann hege ich gegen meine Mutter keine Abneigung und wünsche ihr in Gedanken alles Gute.«
»Ich, Paul, weiß, daß ich keinen Hunger mehr habe, wenn ich mein Schicksal, daß meine Mutter und ich getrennte Wege gehen, annehme.«
»Ich, Paul, benötige nur die Nahrung, die mich stärkt. Ich verzichte in Zukunft auf die Nahrung, die ich aufgrund meiner inneren Schwäche zu mir genommen habe. Ich fühle mich dabei stark, und ich weiß, daß ich mich richtig verhalte.«
Außerdem visualisierte sich Paul folgendes Bild: Er stellte sich vor, wie sich seine Eltern bei ihm zu Hause liebten und wie er und seine Freundin sich liebten. Dieses Bild besetzte Paul in Gedanken mit freudigen Gefühlen, es gab ihm ein neues Zugehörigkeitsgefühl. Nach etwa drei Monaten hatte Paul über 10 Kilo abgenommen, ohne dabei einen Diätplan einzuhalten. Nach einem weiteren halben Jahr hatte er sein altes Gewicht wieder erreicht. Dieses Beispiel zeigt, daß man manchmal mit Hilfe der Bewußtmachung von weit zurückliegenden Problemen eine Änderung der Eßgewohnheiten herbeiführen kann.
Es ist jedoch nicht immer so, daß eine Gewichtszunahme unbedingt mit einem seelischen Problem zu tun haben muß. Das belegt das folgende Beispiel. *Ernsti* ist ein 32jähriger Arzt. Seit seinem sechsten Lebensjahr litt er an Übergewicht. Bei einer

genauen Prüfung seines damaligen Verhaltens gelangte er in Gesprächen mit seiner Mutter zu der Erkenntnis, daß diese ihn ab seinem sechsten Lebensjahr »überfüttert« hatte, da sie sich damals mit seinem Vater nicht mehr verstand – dieser war als Arzt ein Jahr nach Amerika gegangen – und ihren Liebesmangel an ihrem Sohn »ausließ«! Die Bewußtmachung dieser Zusammenhänge jedoch half Ernsti nicht abzunehmen. Erst eine gezielte Fastenkur und ein neues Eßbewußtsein führten zum Erfolg.

Wenn Eßgewohnheiten aus der frühen Kindheit stammen, so sind diese im Unterbewußtsein stärker verhaftet, als wenn es erst später aufgrund verschiedener Lebensumstände – wie eben beschrieben wurde – zu einer Gewichtszunahme kommt. Stell dir trotzdem die Frage, wie du zu dem Menschen geworden bist, oder was dir als Kind eingeredet wurde, z. B. »Alles muß gegessen werden, was auf den Teller kommt«, »Du mußt groß und stark werden!« oder »Es gibt so viele Kinder auf der Welt, die nichts zu essen haben, also darf nichts weggeworfen werden!« Solche Programmierungen müssen entschärft werden, da sie das Unterbewußtsein noch viele Jahre lang belasten!

Welche Eßgewohnheiten belasten mich, die noch aus meiner Kindheit stammen? Was wurde mir eingetrichtert? Mußte ich immer alles aufessen? Woran kann ich mich noch erinnern?

Wenn du alle mit deinem Essen zusammenhängenden Gewohnheiten aufgezählt hast, so versuche dich noch einmal zurückzuversetzen und vergegenwärtige sie dir. Lösche deine falschen Programmierungen aus der Kindheit, indem du dir zum Beispiel im nachhinein sagst: »Ich esse nicht alles auf. Wenn ich keinen Hunger habe, esse ich nicht weiter!«

Mach dir ein neues Selbstbild

Um dein Unterbewußtsein nun neu zu programmieren, ist es wichtig, daß du von dir selbst positiv denkst, da du das, was du von dir denkst, auch ausstrahlst. »Ich werde nie wieder schlank sein!« oder »Dicksein ist mein Schicksal, auch meine Eltern waren dick!« – ein solches falsches Selbstbild belastet dich und stört dein Selbstbewußtsein. Vielmehr solltest du dir sagen: »Ich bin zufrieden mit meiner Figur, ich bin o.k.!« Erst wenn du dich innen, in deinem Unterbewußtsein, umstellst, erst dann wird es dir gelingen, dein neues Selbstbild zu verwirklichen! Die vielen für dich erarbeiteten Übungen, die im folgenden dargestellt sind, werden dir bei der Erschließung deines neuen Selbstbildes entscheidend helfen! Auch wenn du bisher mit dem MENTAL-TRAINING nicht vertraut warst und vielleicht noch etwas skeptisch dieser neuen MENTAL-DIÄT gegenüberstehst, solltest du trotzdem alle Übungen genau befolgen! Nur wenn du deinen Weg zum Schlanksein ernst nimmst und das MENTAL-TRAINING, wie beschrieben, regelmäßig übst, wirst du dein Ziel erreichen. Bemühe dich täglich um dein Mental-Programm und halte durch! Natürlich dauert es manchmal einige Monate (besonders, wenn sich die alten Gewohnheiten über viele Jahre verfestigt haben), bis das Unterbewußtsein auf die neue Programmierung anspricht. Aber mit Gewissenhaftigkeit und Konsequenz kannst du schon nach zwei bis drei Wochen spürbare Erfolge erzielen! Zu Beginn des MENTAL-TRAININGS jedoch wird es wohl immer einen inneren Widerstand geben, alte Gewohnheiten abzulegen. Verhaltensweisen, falsche Selbstbilder, die du dir über viele Jahre angeeignet hast, sollen nun in relativ kurzer Zeit durch neue positive Bilder und Verhaltensweisen ersetzt werden. Daß das möglich ist, zeigen viele Fallbeispiele, die zum Teil auch in diesem Buch angeführt sind. Diese Menschen haben gelernt, ihr Unterbewußtsein durch konsequente Beeinflussung zu verändern. Sie haben durch Aufarbeitung früherer Probleme alte Eßgewohnheiten abgebaut und durch positives Eßverhalten ersetzt. Sie haben dadurch auch an Gewicht abgenommen, manchmal sogar ihr Idealgewicht erreicht! Sie haben die Freude an ihrem Leben wiedergefunden.

Bei der Erarbeitung des neuen Selbstbildes ist es wichtig, genaue Zielvorstellungen zu formulieren, damit sich das Unterbewußtsein optimal auf die Intention einstellen kann. Je besser das Ziel umrissen wird, um so besser können die unbewußten Kräfte mobilisiert werden. Bei der *Zieldefinition* kannst du wie folgt vorgehen:

– Gib dir selbst das Idealgewicht an, das du erreichen möchtest, z. B. in einer Affirmation, die du dir täglich sagst: »Ich, ... , erreiche innerhalb von ... ... Kilo!«

– Du kannst auch ein altes Foto von dir, auf dem du noch schlank bist, zur Orientierung vornehmen. Stell es auf dein Nachtkästchen, damit es die ganze Nacht hindurch »präsent« ist.

– Versuche die Zielvorstellung immer möglichst klar, unmißverständlich und positiv zu formulieren. Eine Identifizierung mit positiven Sätzen fällt dem Unterbewußtsein viel leichter. Bei auf die Zukunft bezogenen Formulierungen gib immer einen genauen Zeitpunkt an. Vermeide den Konjunktiv, außer er ist für deine Formulierung unbedingt notwendig.

Das Ehepaar *Hermi* und *Sepp Sch.*, beide 65 Jahre alt, mit etwa je 30 kg Übergewicht, entschloß sich zum MENTAL-TRAINING. Mit Hilfe der angeführten Übungen zur Lösung von falschen Eß-Programmen wurde von Hermi und Sepp erkannt, daß ihr Eßzwang erst zu Ende des Zweiten Weltkrieges eingesetzt hatte. In der langen Hungerperiode des Zweiten Weltkrieges hatten sich innere Ängste entwickelt, sie würden zuwenig zu essen bekommen. Der Körper diente dann sozusagen als zusätzliche »Speisekammer«. Mit Hilfe von Affirmationen wurden neue innere Bilder geschaffen: »Ich habe genügend zu essen. Es ist immer genug da, mein ganzes Leben lang werde ich genug zu essen bekommen.« Visualisierungen von schönen Speisen, die zu jeder Zeit reichlich vorhanden sind, halfen ebenfalls, die unbewußten Ängste abzubauen. Innerhalb von wenigen Monaten nahmen Hermi und Sepp jeder etwa 15 Kilo ab. Sie konnten wieder die Stiege in ihrem Haus leicht hinauf- und hinuntergelangen, auch ihr gesundheitlicher Zustand verbesserte sich. Hermi und Sepp entschlossen sich zu neuen Ernährungsgrundsätzen, die sie schrittweise, innerhalb von zwei Monaten, verwirklichten: Sie verwendeten nur kaltgepreßte Öle, mieden Zucker und Fleisch. Wenn zwei Partner zur gleichen Zeit zunehmen, sind manchmal ähnliche Ursachen dafür verantwortlich.

Positives Denken und Affirmationen

Die Gedanken, die du ausstrahlst, machen dich zu dem, was du bist und was man von dir hält. Strahlst du positive Gedanken aus, so wirst du dich und deine Umgebung, deinen Partner und deine Familie positiv beeinflussen. Strahlst du Selbstbewußtsein aus, so werden dich die anderen selbstbewußt sehen. Selbstbewußtsein ist grundsätzlich unabhängig vom Aussehen: Wenn du ein positives Selbstbild ausstrahlst, bist du schlank oder auch dick begehrenswert. Denkst du jedoch negativ über dich selbst, so wirst du Probleme mit deiner Umgebung bekommen, gleichgültig ob du schlank oder dick bist! Wenn du mit der Affirmation »Ich, . . . , weiß, daß ich sympathisch wirke!« arbeitest, wird sich das auch im alltäglichen Leben niederschlagen. So bist du selbst deines Glückes Schmied.

Die konsequente Anwendung dieses geistigen Prinzips macht es möglich, daß du in deinem Leben mit Hilfe positiver Gedanken ziemlich alles überwinden kannst, was dir im Wege steht. Nichts auf der Welt steht still, alles ist im Wandel begriffen. Diesen Wandel solltest du selbst vollziehen, in äußeren Dingen wie mit den inneren. Wenn du dir das Prinzip der Macht des Geistes zunutze machst, dir ein ganz bestimmtes Ziel vornimmst, z. B. innerhalb von zwei Wochen drei Kilo leichter zu werden, so aktivierst du mit Hilfe der häufigen Wiederholung dieses Wunsches dein Unterbewußtsein, so daß es alles daransetzt, dieses Ziel zu erreichen. Durch jeden positiven Gedanken, den du denkst, kommst du deinem Ziel einen Schritt näher. Nur wenn du deinen Geist, deinen inneren Computer, mit ganz bestimmten, konkret formulierten Vorstellungen programmierst, arbeitet er für dich. Nachdem du dir über die Ursachen deines falschen Eßverhaltens in der Vergangenheit klargeworden bist, wie im Absschnitt »Lösung von falschen Eß-Programmen der Vergangenheit« besprochen wurde, kannst du zur Zielsetzung übergehen. Wenn du die Ursachenforschung übergehst und nur deine Zielsetzung definierst, so werden lediglich die Symptome deines falschen Eßverhaltens beseitigt, nicht aber die Ursachen, die in der Vergangenheit zu deinem Fehlverhalten geführt haben. Es handelt sich bei dieser MENTAL-DIÄT daher nicht um eine Hypnose oder um eine reine Autosuggestion, sondern auch um eine Aufarbeitung deiner geistig-psychischen Probleme. Der

Vorteil der MENTAL-DIÄT liegt auch in einer gewissen Sicherheit, daß das Problem nicht mehr auftritt und daher das Gewicht besser gehalten wird.
Bei der Zielsetzung kannst du eine Aufteilung in drei Kategorien vornehmen: kurzfristig (einige Wochen), mittelfristig (einige Monate) und langfristig (ein bis zwei Jahre). Das langfristige Ziel sollte dein Idealgewicht sein. Das hat den Vorteil, daß dein Unterbewußtsein mit weniger Suggestionen auskommt und daß du diese konkreter formulieren kannst. Wenn du deine Ziele bestimmt hast, dann mach dir einen genauen Plan. Zu deinen Zielen schreib dir deine Affirmationen, deine Visualisierungen und andere Übungen, wie sie im folgenden beschrieben sind. Dazu kannst du ein Foto von dir kleben, das aus einer Zeit stammt, zu der du noch schlank warst. Ein solches Bild hilft dem Unterbewußtsein, sich auf das neue Gewicht einzustellen, da Bilder von deinem Unterbewußtsein besser aufgenommen werden als Sätze. Versuche dich auch ganz bewußt zu motivieren. Sag dir, wie schön du sein wirst, wie gut du aussehen wirst oder wie flott du in diesem oder jenem Kleid aussiehst. Das hilft dir dann bei der praktischen Durchführung. Halte aber dein MENTAL-DIÄT-Programm geheim. Erzähl niemandem davon, sonst werden dir Kräfte genommen, die du für dich selbst benötigst! Wenn andere an deinem Vorhaben zweifeln, ist es zudem schwieriger für dich, dein MENTAL-DIÄT-Programm erfolgreich durchzuführen.

Wie bereits erwähnt, sind zur Umprogrammierung deines Unterbewußtseins *Affirmationen* hilfreich. Affirmationen sind, wie die erwähnten Beispiele zeigen, kurze Autosuggestionen, die dem Unterbewußtsein die gewünschte positive Richtung geben. Man kann mit Hilfe von Affirmationen negative Gewohnheiten abbauen oder sich neue positive Gewohnheiten aneignen. Bei der Formulierung von Affirmationen ist es von Vorteil, mög-

lichst intuitiv vorzugehen. Spontan kommen meist die besten Ideen. Schreib doch einfach mehrere Sätze auf, und probiere aus, wie sie auf dich wirken. Wenn du bei dem einen oder anderen Satz ein gutes Gefühl hast, dann schreib ihn nochmals auf. Achte jetzt auf eine klare und positive Formulierung, die genau deinem Ziel entspricht. Kurze Sätze wirken schneller als lange Sätze.
Meine Affirmationen:

____

____

____

____

____

____

Wenn du das Gefühl hast, daß es dir noch schwerfällt, Affirmationen zu formulieren, so lies die folgenden Beispiele auf S. 49ff. einmal durch. Bestimmt findest du einige Anregungen für deine konkreten Probleme!
Wenn du deine Affirmationen formuliert hast, sage sie auf (vielleicht auch vor dem Spiegel), schreibe sie auf, oder sprich sie auf ein Tonband. Benutze dazu einen Kassettenrecorder, der das Band zurückspielen kann, oder verwende ein Endlos-Tonband (das kennst du bestimmt von den Telefonanrufbeantwortern). Damit ersparst du dir das Umdrehen des Bandes, wenn du es einige Stunden lang oder während der Nacht hören möchtest. Auch wenn das Band die ganze Nacht nur auf ganz geringer Lautstärke läuft, sind die Erfolge erfahrungsgemäß recht gut! Beim Sprechen auf Band sollte jede Affirmation ungefähr dreimal wiederholt werden, damit sie dein Unterbewußtsein gut wahrnehmen kann. Das gilt besonders, wenn du das Band bei

der Arbeit oder in der Nacht eingeschaltet hast. Du brauchst zu Beginn deines Programmes nicht einmal an die Affirmationen zu glauben; wenn du diese eine Zeitlang anhörst, kommt der Glaube von alleine.

Im folgenden findest du einige wichtige Affirmationen, die dir helfen werden, bald wieder schlank zu sein. *Affirmationen, um die Eigenliebe zu fördern:*
»Ich, . . . , mag mich, wie ich bin!«
Wenn du diese Affirmation einige Male sprichst, wirst du bald bemerken, daß dein Hunger nachläßt. Viele Menschen brauchen mehr Liebe, als sie bekommen, und kompensieren dies durch vermehrte Essensaufnahme. Am allerwichtigsten aber ist, daß wir uns selbst lieben. Wenn man sich liebt und akzeptiert, ist man unabhängiger von der Liebe anderer, glücklicher und aktiver. Sprich diese Affirmation jeden Tag einige Male, etwa drei bis vier Wochen lang! Du kannst sie auch auf ein Blatt Papier schreiben und dieses über deinen Eßtisch hängen. Dann nimmt es dein Unterbewußtsein immer wahr. Du kannst dir auch vor dem Spiegel sagen »Ich liebe mich«. Je öfter du diese Affirmation sprichst, um so stärker wird dein Selbstbewußtsein. Weitere Affirmationen dazu sind: »Ich bin schön, ich strahle, ich liebe meinen Körper, ich liebe jeden Teil meines Körpers, meine Hüften, meinen Bauch, meine Beine, meinen Busen... ich empfinde mich überall als schön, Essen ist für mich nicht das Wichtigste!« Nur wer losläßt, wird losgelassen: Auch vom Essen sollte man loslassen. Stell dir ganz bewußt Dinge vor, die dir lieber als Essen sind: Unterhaltungen, Lesen, Fernsehen etc.

Affirmationen, um das Durchhaltevermögen zu stärken:
»Ich, . . . , weiß, ich schaffe es!« oder »Ich bin erfolgreich beim Abnehmen!«
Diese Affirmationen sind für all jene wichtig, die wenig Willens-

kraft haben und leicht aufgeben. Ausdauer, um zumindest die täglichen Affirmationen und Visualisierungen durchzuführen, muß jeder aufbringen können. »Nichts hindert mich daran, meine Mental-Diät zu Ende zu führen!« Wehre dich gegen negativen Einfluß (z. B. Kritik des Partners), der störend auf dein Vorhaben wirkt. Lerne zwischen körperlichem Hunger und seelischem Verlangen zu unterscheiden: Mit Affirmationen kannst du auch dein Eßverhalten ganz bewußt beeinflussen. Z. B: »Wenn ich Hunger habe, dann höre ich eine schöne Musik an!« Oder: »Wenn ich am Abend Hunger habe, dann esse ich nichts mehr!« Oder: »Wenn ich Hunger habe, dann denke ich nicht daran! Das fällt mir leicht.«
Formuliere nun für deine persönlichen Eßgewohnheiten eine solche Affirmation:

»Ich, . . . , meide Fett, Zucker, Fleisch und esse weniger Kohlehydrate!« Was hat dich besonders dick gemacht? Formuliere nun deine eigene Affirmation:

Wenn es dir schwerfällt, auf Bestimmtes zu verzichten, kannst du zu deiner Affirmation noch hinzufügen: »Mir fällt es von Tag zu Tag und von Stunde zu Stunde immer leichter, auf Mehlspeisen zu verzichten!« Eine andere Möglichkeit, sich dickmachende Speisen abzugewöhnen, ist: »Schokolade schmeckt mir nicht mehr. Wenn ich Schokolade esse, dann habe ich immer ein unangenehmes Gefühl im Mund, da glaube ich, ich esse einen Regenwurm!« Oder: »Torte schmeckt immer nach Essiggurken!« Wenn man sich solche Affirmationen suggeriert, dann kann man recht gute Erfolge erzielen, besonders wenn man diese Affirmationen im Schlaf hört. Am besten ist es, wenn man selbst nicht viel von den Suggestionen weiß, dann führt das Unterbewußtsein den neuen Befehl genau aus. Du kannst auch eine geeignete Person bitten, daß sie dir – während du schläfst – einige Male ähnliche Affirmationen, die du aber nicht ganz genau kennen solltest, vorspricht. Wenn du dich jedoch psychisch überlastet fühlst oder zu Depressionen neigst, solltest du solche Affirmationen gar nicht sprechen.

Affirmation, um Schuldgefühle abzubauen:
»Ich fühle mich nicht schuldig, wenn ich einmal zuviel esse, aber ich bemühe mich am nächsten Tag, daß ich nicht mehr rückfällig werde. Meine MENTAL-DIÄT ist mir ganz wichtig!«

Affirmation, um die neue Einstellung zum Essen zu fördern:
»Meine neue Einstellung zum Essen bringt mich im Leben weiter: Ich bin bald schlank und fühle mich körperlich und geistig befreit!«

Affirmationen, um eine neue Einstellung zur Umgebung zu gewinnen:
»Ich, . . . , nehme die Menschen so an, wie sie sind.«
»Ich, . . . , bin es wert, geliebt zu werden.«
»Ich, . . . , will nichts von . . .«
»Ich, . . . , akzeptiere . . .«
»Ich, . . . , bin es wert, in einer positiven Umgebung zu leben.«
»Mein Schicksal ändert sich positiv.«
»Alles wird gut.«
Diese Affirmationen geben deinem Unterbewußtsein Kraft, positive Veränderungen herbeizuführen. Erst wenn du innerlich dein Leben bejahst, wird sich deine Umgebung zum Guten ändern! Höre diese Affirmationen so lange, bis du selbst diese

Sätze ausstrahlst! Versuch dabei auch besonderen Wert auf dein Selbstbewußtsein zu legen! Sag dir immer, daß du etwas darstellst. Daß du einen großen Wert besitzt! Besonders wenn es in deiner Vergangenheit Personen gegeben hat, die dich runtergemacht haben. Wenn du das Gefühl hast, daß dein Selbstbewußtsein durch bestimmte Personen gehemmt wird, so wehre dich dagegen. Auch hier kannst du die Technik der Affirmation zu Hilfe nehmen.

Schreibe dir alle Personen auf, die dich in deiner inneren Freiheit einschränken:

____

____

____

____

Formuliere zu jeder Person eine geeignete Affirmation. Wenn jemand z. B. über dich denkt »Der stellt nichts dar, der ist dick«, so lautet die Affirmation: »Mir, ..., ist gleichgültig, was Hr. ... von mir denkt. Ich weiß, ich, ... , stelle viel dar. Ich bin zufrieden mit mir!«

____

____

____

____

____

Affirmationen, um die Selbstbeherrschung zu verbessern:
In welchen Situationen ißt du besonders viel beziehungsweise fällt dir die Selbstbeherrschung schwer?

____

____

____

____

Formuliere nun dazu passende Affirmationen, z. B.:
»Ich, ... , konzentriere mich beim Fernsehen ganz auf das Programm. Wenn ich etwas kauen möchte, nehme ich einen Kaugummi. Außerdem achte ich darauf, daß ich nur noch wenig Eßbares zu Hause habe!«
»Wenn ich, ... , alleine bin, dann lenke ich mich mit etwas ab, was mir Spaß macht, z. B. ...; dann esse ich nicht mehr, als mein Körper benötigt!«

____

____

____

____

____

____

____

Analysiere deine Gedanken und Gefühle!

Affirmationen, um den Zusammenhang von Essen und Gefühlen aufzulösen:
Welche Gedanken und Gefühle veranlassen zum maßlosen Essen? Erinnere dich an Situationen, die in dir einen Drang zum Essen ausgelöst haben:

___

___

___

___

___

Hast du dich dabei depressiv, ängstlich oder ärgerlich gefühlt? Bist du angespannt oder aufgeregt gewesen, oder hast du dich schuldig gefühlt? Löse dich von Vorstellungen, daß deine Gefühle mit dem Essen zu tun haben, und lerne deine Gefühle bewußter zu erleben und mit ihnen umzugehen. Manchmal sind Eßgewohnheiten von unseren Eltern anerzogen. Wir bekommen als Trost oder zur Belohnung bestimmte Lebensmittel. Gab es bei dir solche anerzogenen Eßgewohnheiten?

___

___

___

Formuliere nun die Affirmationen zu deinen Gefühlen:
Beispiel: »Wenn ich nicht erfolgreich bin, dann kompensiere ich meinen Jammer nicht mit ein paar Brötchen!«

___

___

Formuliere die Affirmationen zu deinen alten Gewohnheiten aus deiner Kindheit:
»Schokolade stellt für mich keine Belohnung dar, sondern ist ein Dickmacher! Wenn ich mich belohne, dann esse ich nicht Schokolade, sondern freue mich über mich selbst!«

Affirmationen, um Vorurteile abzubauen:
Viele gesellschaftliche Vorurteile über das Eßverhalten sowie anerzogene Verhaltensweisen aus der Kindheit stören beim Abnehmen. Einige Beispiele: An Feiertagen ißt man Braten. Es gehört sich nicht, daß man sich in einem Restaurant nur etwas Kleines bestellt. Man sollte mindestens zwei warme Mahlzeiten pro Tag einnehmen. Essen macht gesund. Wenn man etwas gratis bekommt, soll man sich nichts entgehen lassen. Essen gehen ist ein Zeichen von Luxus und Wohlstand. Ganz bestimmte Speisen werden zu bestimmten Tageszeiten gegessen. – Solche falschen Vorstellungen stören dein MENTAL-DIÄT-Programm. Mach sie dir bewußt!

Meine falschen Einstellungen:

Da manche dieser Einstellungen ziemlich tief im Unterbewußtsein verwurzelt sind, solltest du für die eine oder andere Einstellung jeweils gezielt eine Affirmation formulieren, z. B.: »Wenn ich, ... , nächstes Mal essen gehe, dann bestelle ich nur eine Kleinigkeit. Ich kann auch nur eine Suppe oder nur einen Salat essen. Andere Personen denken sich dabei gar nichts über mich!«
Deine Affirmationen zu deinen falschen Eß-Vorstellungen:

Affirmationen, um sich neue Eßgewohnheiten anzueignen:

a) Essen, nur wenn man wirklich Hunger hat

»Ich, ... , esse nur, wenn ich wirklich hungrig bin!«

»Immer, wenn ich esse, frage ich mich, ob ich wirklich hungrig bin.«

»Ich, ... , esse so wie ...« (Name von jemandem, der schlank ist und den du beim Essen beobachten kannst, einsetzen.)

»Wenn ich meinen Mund öffne, dann nehme ich den Bissen nur auf, wenn ich wirklich Hunger habe!«
»Wenn ich mir etwas zu Essen mache, dann wirklich nur, wenn ich Hunger habe!«
»Wenn ich den Kühlschrank öffne, dann esse ich nur, wenn ich Hunger habe!«
»Ich trinke nur Getränke, die wenig Kalorien haben, am liebsten Mineralwasser oder Kräutertee. Das hilft mir beim Abnehmen!«
»Ich schäme mich, wenn ich meiner Freßsucht nachgebe!«
»Wenn ich esse, dann stelle ich mir immer vor, daß ich nicht allein bin!«
Zu diesen Affirmationen kannst du folgende Übung durchführen: Setze dich in ein Restaurant, und beobachte die anwesenden Gäste, wie unterschiedlich das Eßverhalten von dicken und schlanken Menschen ist. Kritisiere ganz bewußt das Eßverhalten der dicken Gäste. Mach dir dazu einige Notizen. Gewöhne dir dabei deine eigenen Eßfehler ab, und paß dein Eßverhalten dem der Schlanken an. Wenn du diese Übung zweimal in der Woche durchführst, wirst du deine Eßgewohnheiten bald positiv verändert haben.

b) Langsam und genußvoll speisen
»Ich, ..., nehme nur kleine Bissen, diese kaue ich dann zwanzig bis dreißig Mal. Ich weiß, daß mir dies beim Abnehmen hilft.«
»Bevor ich zu essen beginne, schaue ich mir die Speisen an: Ich rieche sie und erfreue mich an den Farben!«
»Ich, ..., genieße mein Essen. Zwischen den Bissen lege ich mein Besteck nieder, um alles gut zu kauen!«
»Wenn ich satt bin, lege ich mein Besteck nieder, gleichgültig ob ich alles aufgegessen habe oder nicht. Ich weiß immer genau, wann ich satt bin, und überesse mich nicht!«
»Ich lasse immer einen kleinen Bissen und einen kleinen Schluck übrig!«

»Nach dem Essen gehe ich ein wenig im Zimmer auf und ab. Das fördert meine Verdauung!«
»Nach dem Essen räume ich sofort ab und werfe die Reste fort!«

c) Seinen Hunger beobachten
»Ich, ..., schaffe es, auch einige Stunden gar nichts zu essen!«
»Ich, ..., bin stolz auf mich, wenn ich einige Stunden nichts esse!«
»Ich beobachte mich und esse nur, wenn ich wirklich Hunger habe. Wirklich Hunger hätte ich, wenn ich alles essen würde!«

d) Von innen essen lernen
»Ich, ..., richte mich nach innen, wenn ich esse!«
»Ich, ..., esse bewußt und kaue ganz bewußt jeden Bissen!«
»Ich, ..., kann mich beim Essen gut konzentrieren!«
»Ich, ..., mache vor jeder Mahlzeit eine kleine Meditation!«
»Ich, ..., bin beim Essen ruhig und gelassen!«

Helmut war 51 Jahre alt, als er mit der MENTAL-DIÄT begann. Da er immer sehr gerne gegessen hatte, plagte ihn seit vielen Jahre sein Übergewicht. Etwa 15 Abmagerungskuren hatte er hinter sich. Jedesmal nahm er mit einer Zitronensaftkur ungefähr 10 Kilo ab, die er sich jedoch regelmäßig wieder in einigen Monaten »hinaufgegessen« hatte. Da er sich auch schon einige Jahre mit positivem Denken und mit Meditation beschäftigt hatte, zeigte er besonderes Interesse für das »Denk-dich-schlank«-Programm. Bei der Analyse seiner Eßgewohnheiten zeigte sich, daß es seine vielen Jausenbrote waren, die zum Übergewicht geführt hatten. Zu ganz bestimmten Tageszeiten traf Helmut in dem Buffet der Bank, wo er als Abteilungsleiter arbeitete, seine Kollegen und konnte dort den »preiswerten« Leckerbissen nicht widerstehen. Da seine Ehefrau nicht gerne kochte, nützte er dieses Buffet auch zum Abendessen. Auch am

Wochenende traf er Freunde, mit denen er essen ging und die ihn auch zu Hause besuchten, wenn er selbst eine üppige Mahlzeit zubereitete. Neben Musik und Theaterbesuchen waren Essen und Trinken über lange Zeit seine Lieblingsbeschäftigung gewesen, da er keine Kinder hatte. Folgende Affirmationen haben Helmut geholfen, seine Eßgewohnheiten zu verändern:

»Ich, Helmut, esse nur soviel, wie mein Körper benötigt!«

»Ich, Helmut, esse nicht aus Langeweile oder aus Mißmut, sondern nur, wenn ich wirklich Hunger empfinde!«

»Ich, Helmut, ernähre mich von gesunden, biologischen Produkten. Das fördert meine Gesundheit und vertreibt meine Gallenschmerzen!«

»Ich, Helmut, treffe mich mit meinen Kollegen nicht mehr im Buffet, sondern suche sie in ihren Abteilungen auf, wenn ich mit ihnen sprechen will!«

»Ich, Helmut, führe in meinen Pausen einige gymnastische Übungen durch. Das stärkt mich und macht mich männlicher!«

»Ich, Helmut, weiß, daß ich jetzt für immer schlank werde, ich brauche nie wieder in meinem Leben eine Zitronensaftkur durchzuführen!«

»Ich, Helmut, gehe mit ... (Name der Ehefrau) am Wochenende zum See schwimmen und wandern. Ich freue mich darauf!«

»Wenn etwas billig ist, esse ich nicht mehr als notwendig!«

»Beim Essen bleibe ich gelassen, ich schlinge nicht schnell mein Essen hinunter, sondern kaue jeden Bissen dreißig Mal!«

Mann könnte meinen, daß es schon genügt, sich einige solcher Sätze einfach nur vorzunehmen und sie dann einzuhalten. Wahrscheinlich würde man auch damit einige Kilos verlieren. Aber das Unterbewußtsein würde diese neuen Gewohnheiten nicht so schnell integrieren; die Gefahr, rückfällig zu werden, wäre groß. Daher ist es wichtig, die Affirmationen auf ein Endlos-Tonband zu sprechen und dieses über einige Wochen zu hören, wie es zuvor erläutert wurde.

Lösung deiner Gewichtsprobleme mit Hilfe von Visualisierungen

Allgemeine Visualisierungen

Bilder helfen deinem Unterbewußtsein, die Informationen, die du ihm zukommen läßt, schneller und besser zu verarbeiten. Das Unterbewußtsein spricht auf Bilder besser und schneller an als auf Wort und Schrift. Wichtig ist dabei, daß das Bild, das du dir ausmalst, möglichst klar und deutlich ist und deinem Wunschbild möglichst nahekommt. Um so eher ist eine Realisierung deiner Gewichtswünsche möglich! Besonders eignen sich daher positive Bilder, die an die Vergangenheit anknüpfen, als du noch schlank gewesen bist; diese Bilder wirken auf das Unterbewußtsein wie ein Befehl, sich so zu verhalten, daß du dieses Körpergewicht wiedererlangst. Je besser du dich daher mit dem Wunschbild und den positiven Eßgewohnheiten identifizieren kannst, um so schneller führt deine MENTAL-DIÄT zum Erfolg. Die visualisierten Bilder kannst du emotional aufladen, indem du dich z. B. über das visualisierte Bild freust. Es bleibt dann länger im Unterbewußtsein und ist eher abrufbar.
Im folgenden sind einige Übungen angeführt, wie du dir mit Hilfe dieser Technik neue Eßgewohnheiten aneignen kannst.

Visualisierung, um alte Eßgewohnheiten zu ändern:
Wie du nun inzwischen weißt, hat jeder Mensch seine eigenen Eßgewohnheiten, die er sich selbst und die ihm andere Personen anerzogen haben. Um solche Gewohnheiten verändern zu können, muß man sie sich einmal bewußt machen. Schreib alle deine Eßgewohnheiten auf, die dich an dir stören:

Nun stelle dir zu jeder dieser Gewohnheiten ein einwandfreies Gegenbild vor! Gehe dabei auch verschiedene Situationen durch, die dich noch belasten. Jede dieser neu entworfenen Eßsituationen solltest du einige Male positiv durchleben, damit sich deine unterbewußten Eßgewohnheiten verändern. Diese Übung ist eine der wichtigsten Übungen in diesem Buch. Daher solltest du sie unbedingt in dein persönliches MENTAL-TRAININGS-Programm aufnehmen.

Visualisierungen, um den Erwartungdruck anderer abzubauen:
Personen in deiner Umgebung erwarten von dir ein bestimmtes Eßverhalten. Jemand kann ärgerlich sein, weil du noch nicht fertig gegessen hast, ein Partner ärgert sich über die vegetarische Kost seiner Freundin etc. Schreibe auch Erwartungen auf, die Personen in der Vergangenheit von dir hatten. Viele davon belasten dich im Unterbewußtsein noch immer.

Mein Partner erwartet von mir

Mein Vater erwartet von mir

____

____

____

Meine Mutter erwartet von mir

____

____

____

Weitere Personen:

____

____

____

____

Wenn du dir bewußt gemacht hast, welches Eßverhalten die anderen von dir erwarten, kannst du mit deinen Übungen beginnen. Setz dich an einen ruhigen Platz, schließe die Augen, und konzentriere dich auf die von dir oben genannten Personen. Gehe diese der Reihe nach durch, und stell dir bei jedem vor, daß er nichts von dir erwartet. Dabei helfen dir folgende Bilder: Ein großer freier Raum um dich herum, das freundlich lächelnde Gesicht des anderen, wie er z. B. sagt: »Du kannst das essen, was du willst. Ich lasse dir in jeder Hinsicht deine eigene Meinung!« Wenn du dir den anderen so vorstellst, wie du ihn haben möchtest, wird er sich auch in diese Richtung verändern. Führe etwa drei Wochen diese Übung aus, und die ersten Erfolge werden sich zeigen!

Visualisierungen, um ein Gespür für den Magen zu bekommen:
Mache aus deiner rechten Hand eine Faust. So groß wie diese Faust ist ungefähr dein Magen. Wenn du nun Hunger bekommst, dann benötigt dein Magen ungefähr das Volumen deiner Faust oder zwei Tassen Essen. Dein Magen paßt sich deinen Eßgewohnheiten an. Schlanke Menschen haben einen kleineren Magen, dickere einen dementsprechend größeren. Mit dem MENTAL-TRAINING kannst du die Größe deines Magens ganz bewußt beeinflussen.
Setz dich an einen ruhigen Ort, und schließe deine Augen. Stell dir vor, daß dein Magen kleiner wird und daß er die Größe deiner Faust annimmt. Sage dir dabei, daß du ein angenehmes Gefühl verspürst, wenn du einen kleinen Magen hast. Öffne nach etwa drei Minuten wieder die Augen. Diese Übung ist nur für Personen gedacht, die viel essen. Wenn du einige Tage gehungert hast, hat sich dein Magen schon von selbst zusammengezogen. Führe diese Übung vor dem Essen durch und nur dann, wenn du wirklich gesund bist!

Visualisierung, um sich vom Eßverlangen abzulenken:
Wenn deine Gefühlslage mit deinem Eßverlangen zusammenhängt, so solltest du dir Gedanken machen, wie du auch auf andere Weise glücklich sein kannst, z. B. einen Brief schreiben, ein Bad nehmen, jemanden anrufen, Musik hören, meditieren, einen Spaziergang machen, ein Buch lesen etc. Überlege dir, was dich glücklich machen könnte:

____

____

____

____

____

Visualisiere nun folgendes: Du siehst dich in einer deprimierten Verfassung. Du greifst aber nicht zur Schokolade (oder einem anderen Frustkiller), sondern suggerierst dir, daß es dich nicht wirklich stört, und unternimmst dann etwas, was dich glücklich macht. Gehe dabei alle aufgeschriebenen Möglichkeiten durch!

Visualisierungen, um innere Widerstände zu beseitigen:
Besonders wenn man sich erst kurze Zeit mit positivem Denken auseinandergesetzt hat und dieses Buch vielleicht das erste dieser Art ist, kann es zu inneren Widerständen kommen: Ich bin zu schwach, ich habe keinen starken Willen, ich kann mich nicht ändern etc. Denke daran, daß es schon viele vor dir geschafft haben, die vielleicht unter mehr Übergewicht gelitten haben als du!
Setze dich an einen ruhigen Ort, und schließe deine Augen. Stell dir nun vor, wie du in zwei Monaten aussehen wirst: Schlank und ... Kilos weniger! Du malst dir dann ganz genau aus, wie du dein MENTAL-TRAININGS-Programm zu Ende führst und wie glücklich du bist, wenn du wieder schlank und noch begehrenswerter aussiehst. Du erwärmst dich an der Vorstellung, daß es Sinn hat weiterzumachen.

Visualisierungen, um den Zusammenhang zwischen Gefühlen und Essen zu erkennen:
Diese Übung gibt dir Impulse für dein richtiges Eßverhalten. Wir alle haben ganz innen in uns einen intelligenten Steuerungsmechanismus. Wenn wir entspannt und ausgeglichen sind, können wir intuitiv ganz innen Bilder sehen, die uns helfen, weitere Probleme zu lösen, die uns sonst nicht bewußt sind. Dieser inneren Intelligenz kommt man um so näher, je mehr man meditiert. Lasse deine Gedanken und Bilder, die in deinem Inneren auftauchen, heraus, und beobachte sie aufmerksam. Der Inhalt dieser inneren Bilder ist nie Zufall, da sie aus der inneren

Intelligenz stammen und uns etwas Bestimmtes mitteilen möchten. Sie können auch – ähnlich wie Träume – Symbolgehalt haben. Bevor du beginnst, deine inneren Bilder zu betrachten, solltest du den Raum kurz lüften und einige Atemübungen durchführen, damit du ruhiger wirst und besser von deinen Alltagsproblemen abschalten kannst. (Über Atemübungen kannst du im Abschnitt »Schlank durch Meditation« [siehe S. 74 ff.] mehr lesen.)
Setz dich an einen ruhigen Ort, entspanne dich, ruh dich ein wenig aus. Beobachte deinen Atem. Atme ruhig und tief ein und aus. Richte nun dein Bewußtsein auf etwas, das dich interessiert. Ein Beispiel: Du stellst dir deine Lieblingsspeise vor. Wenn diese vor deinem inneren Auge auftaucht, dann stellst du dir eine Situation vor, wie du – eventuell zusammen mit anderen – deine Lieblingsspeise (das kann auch eine Tafel Schokolade sein) genießt. Achte dabei auf alle Emotionen, die du empfindest. Danach stellst du dir diese Situation ohne deine Lieblingsspeise vor. Wahrscheinlich schwinden damit auch deine positiven Empfindungen. Versuche sie dennoch zu halten, obwohl du nichts Eßbares mehr siehst. Mit Hilfe dieser Visualisierung erkennst du den Zusammenhang zwischen deinen Gefühlen und Essen und erfährst sie bewußter.
Folgendes Beispiel ist für jene Personen gedacht, die einmal zuwenig zu essen bekamen und seither glauben, sie müssen immer »zupacken«. Setze dich entspannt auf einen Stuhl, und schließe deine Augen. Atme ruhig und entspannt einige Male durch. Laß nun jede Menge von Mahlzeiten, viele Lieblingsmenüs, eben alles, was du dir erträumst, vor deinem geistigen Auge erscheinen. Stell dir vor, daß dir das alles dein ganzes Leben lang wirklich zur Verfügung steht, daß du immer genügend zu essen haben wirst. Und daß dir nie (mehr) jemand etwas wegessen wird. Außerdem kannst du dir noch vorstellen, daß alle Personen in deiner Umgebung dir dein Essen vergönnen. (Sage dir

dabei die Namen einzeln auf.) Stell dir dann nochmals vor, daß du immer in deinem Leben genügend zu essen haben wirst und daß deine Vorratskammer oder dein Kühlschrank immer ganz voll mit Lebensmitteln sein werden. Führe diese Übung mindestens einige Wochen täglich aus! Diese Übung hilft dir, deinen Bauch bzw. deinen Körper nicht mehr als Vorratskammer zu benutzen.

Visualisierungen, um Geben und Schenken zu lernen:
Ein psychologisches Problem mancher Übergewichtigen ist das Besitzenwollen. Diese Personen neigen dann dazu, alles zu raffen und in sich hineinzuschlingen. Prüfe, ob du zu dieser Personengruppe gehörst: Wie reagierst du in anderen Lebenssituationen, bist du eher auf das Ausnützen aus, oder kannst du auch einmal anderen behilflich sein? Beantworte dir diese Frage ganz ehrlich, wenn du deine Gewichtsprobleme lösen willst. Hast du das Gefühl, daß du noch manchmal dem anderen etwas neidest, so bemühe dich, dieses Verlangen abzubauen. Das wird dir bei deinen Gewichtsproblemen behilflich sein. Jede Übung, die dich von deinem egoistischen Verhalten wegführt und dem Mitmenschen näherbringt, dient deinem Ziel. Übe dich in der Nächstenliebe, bemühe dich um andere, nimm dir täglich eine gute Tat vor, und du wirst erfahren, wie das Nehmen zum Geben wird. Die folgenden Visualisierungen helfen dir dabei.
Setze dich auf einen Stuhl, und schließe deine Augen. Stell dir vor, daß du im Himmel bist. Dort benötigst du kein Essen, rein gar nichts. Die Engel schicken dich mit einem großen Rucksack voller guter Lebensmittel, auch deine Lieblingsspeise soll dabei sein, auf die Erde, wo du sie an die hungernden Kinder in den Entwicklungsländern verteilst. Stell dir dabei ganz genau vor, wie du die einzelnen Lebensmittel aus deinem Rucksack nimmst und sie den Kindern nach und nach gibst. Auch wenn du dir den Himmel heute noch nicht vorstellen kannst, so versuche trotz-

dem diese Visualisierung, sie hilft dir, deine Probleme zu lösen. Setze dich auf einen Stuhl, und schließe deine Augen. Atme einige Male tief durch. Laß vor deinem inneren Auge Personen Gestalt annehmen, mit denen du in deinem Leben häufig gegessen hast. Stell dir vor, daß du die betreffende Person jeweils selbst bist, eine nach der anderen. Nun vergönnst du einmal dir selbst als der anderen Person das Essen. Dann bist du nicht mehr die andere Person und vergönnst ihr trotzdem das Essen. Setze dies in deinen Alltag um, wenn du mit anderen zusammen ißt. Dehne diese Vorstellung auf alle Personen aus, die du kennst.

Visualisierung, um seine Eßgewohnheiten zu beobachten:
Denke an drei dicke Personen, die du gut kennst. Schreibe nun möglichst umfassend alle ihre schlechten Eßgewohnheiten auf, an die du dich erinnern kannst.

____

____

____

____

____

____

____

____

Setze dich nun an einen ruhigen Ort, und schließe deine Augen. Laß die schlechten Eßgewohnheiten deiner Bekannten noch einmal vorbeiziehen. Stelle dir bei jeder dieser Gewohnheiten vor, daß du sie selbst nicht hast und sie dir auch niemals angewöhnen möchtest. Führe diese Übung etwa zehn Mal durch.

Visualisierung, um sich Süßigkeiten abzugewöhnen:
Setze dich im Schneidersitz an einen ruhigen Ort. Stelle ein Stück Kuchen neben dich. Atme tief durch. Nimm nun ein Stück Kuchen, und konzentriere dich ganz bewußt auf den Geruch. Nimm den Geruch ganz in dich auf. Dann schaue dir die Farben an, und versuche auch diese in dich aufzunehmen. Nun koste ein ganz kleines Stückchen Kuchen, laß es in deinem ganzen Mund einige Male herumgehen. Deine Geschmackssensoren befinden sich vor allem an den Zungenrändern, an der Zungenspitze und an der Wurzel der Zunge. Halte dir nun deine Nase zu, und beobachte, was mit deinem Geschmackssinn passiert, wenn du nichts mehr riechen kannst. Du wirst dann bemerken, daß Geschmack und Geruch eng zusammenhängen und daß dein Geschmackssinn durch das Zuhalten deiner Nase beeinträchtigt wird. Versuche diese Übung in meditativer Grundhaltung zu machen. Wenn du noch wenig Erfahrung mit Meditation hast, so lies im Abschnitt »Schlank durch Meditation« (siehe S. 74ff.) nach. Wenn du ganz entspannt bist, kannst du den Geschmack viel intensiver wahrnehmen. Atme dabei einige Male tief durch. Nun beginnt die Umprogrammierung deines Unterbewußtseins, die ähnlich wie bei einer Selbsthypnose im Alpha-Zustand abläuft (siehe die Erklärung auf S. 74f.). Nimm nun noch ein kleines Stück Kuchen in den Mund. Du wirst bald bemerken, daß er beinahe abstoßend süß schmeckt. Halte nun deine Nase zu, und beobachte, was mit dem Geschmack passiert. Werde dir auch dieser Sinneswahrnehmung völlig bewußt. Sag dir, daß du jedesmal, wenn du einen Kuchen ißt, ein solch bewußtes Erlebnis hast. Diese Bilder werden dir helfen, von nun an weniger Kuchen zu essen. Gehe nun wieder aus deiner Tiefenentspannung heraus, bis du wieder ganz da bist. Sag dir einige Male: Es geht mir gut. Diese Technik eignet sich auch dazu, sich den Zucker im Kaffee oder im Tee abzugewöhnen.

Visualisierung, um die Eßgewohnheiten schlanker Menschen zu erlernen:
Beobachte einmal schlanke Menschen und ihre Eßgewohnheiten. Versuche dabei auch zu erfühlen, was sie beim Essen empfinden. Schreib dir alle positiven Eigenschaften auf, und denke darüber nach! Setze dich dann an einen stillen Ort, schließe deine Augen, und stell dir vor, daß du selbst auch alle diese positiven Eigenschaften hast. Sag dir dabei auch, daß es dir leichtfällt, so zu essen wie ein schlanker Mensch.
Führe diese Übung mindestens sieben Mal aus, da man erst nach etwa drei bis vier Mal die ersten Erfolge bemerkt. Übe jeden Tag.

Visualisierung, um von Zwischenmahlzeiten wegzukommen:
Oft sind es die kleinen Zwischenmahlzeiten, die die eigentlichen Gewichtsprobleme verursachen. Diesen Gewohnheiten kannst du entgegenwirken, indem du nie etwas stehend ißt und nichts aus dem Kühlschrank oder aus der Speisekammer nimmst, um es schnell, zwischen den Mahlzeiten, zu essen. Wenn dir dies schwerfällt, hilft dir eine Zeichnung einer dicken Frau oder eines dicken Mannes, die du mit einem Klebestreifen auf den Kühlschrank oder die Speisetür kleben kannst. Dies fördert deine Selbstbeherrschung. Außerdem solltest du dir in den ersten beiden Wochen einen genauen Eßplan machen.
Setz dich an einen stillen Ort, und schließe deine Augen. Stell dir vor, daß du schlank bist, daß du gar nicht soviel zu essen brauchst. Du freust dich darüber, daß du auch mit wenig auskommst. Nun denkst du an die kleinen Zwischenmahlzeiten, die du während der vergangenen Tage eingenommen hast und die nicht notwendig gewesen wären. Jedesmal sagst du dir, daß du auch ohne dieses Essen auskommst und daß es dir sowieso nichts bringt. Du malst dir aus, wie du in zwei Wochen aussehen wirst: Ein schlanker Mensch, der nie mehr zwischendurch ißt, der

seine Mahlzeiten ruhig und gelassen einnimmt, ohne Begierde. Führe diese Übung jeden Tag in der Früh, gleich nach dem Aufstehen, durch, etwa drei Wochen lang.

Fallbeispiele mit Visualisierungen

Gerhard, 44 Jahre alt, wog über 100 kg, als er mit der MENTAL-DIÄT begann. Vieles hatte er versucht: Tennisspielen, weniger Süßes essen, Abmagerungskuren »nach Plan«. Einige Erfolge konnte er erzielen, jedoch nahm er nach einigen Wochen immer wieder zu. Erst nach eingehenden Gesprächen kamen die Ursachen seines maßlosen Eßverhaltens ans Tageslicht: Bereits mit etwa 20 Jahren nahm er zu, als seine erste Freundin ihn verließ. Seit diesem Zeitpunkt konnte er sich nicht mehr verlieben. Anstatt zu geben, fraß er alles in sich hinein und nahm ständig zu! Nach einigen Jahren entwickelte sich ein gewisser Geiz gegenüber seinen Eltern, die – obwohl er berufstätig war – für ihn sorgten. Alles, was ihm vorgesetzt wurde, aß er immer restlos auf. Wenn er Besuche machte, erkundigte er sich vorher, ob es etwas zu essen gab. Ohne selber etwas mitzubringen, lud er sich gerne zum Essen ein. Dazu muß jedoch bemerkt werden, daß er kein »Hungerleider« war: Gerhard besaß drei Mietshäuser und eine große Anzahl Golddukaten. Erst als ihm diese Probleme nach einigen Sitzungen bewußt wurden, konnte er sich selbst heilen. Er änderte sein Leben radikal: Er zog von zu Hause aus, heiratete eine gute Bekannte, die er seit einigen Jahren kannte. Außerdem erinnerte er sich an alte Hobbys, die ihn früher glücklich machten. Er malte wieder Aquarelle. Alle Eigenschaften, die mit seiner Raffgier zu tun hatten, wollte er ablegen. Er lief nun nicht mehr in seinen alten Klamotten herum, sondern leistete sich drei neue schöne Anzüge. Auch seine Wohnung richtete er teuer ein, was ihm nicht leichtfiel, da er sehr an seinem Sparbuch hing. Er besuchte einen Tai-Chi-Kurs und ging wieder ins Theater. Alles das half ihm von seinen schlechten Eßgewohnheiten loszukommen und besserte auch sein psychisches Befinden. In einem halben Jahr hatte Gerhard sein Idealgewicht wieder erreicht. Am Telefon erzählte er, daß es in seinem Leben jetzt andere Werte gebe, das Gewicht oder sein Aussehen war nicht mehr wichtig. Er wolle Kinder haben und ein glückliches Leben führen, teilte er mit.

Gerhard ist ein plutonischer Charaktertyp: Haben war ihm wichtiger gewesen als Liebe und Freude. Diese Eigenschaften zeigten sich auch in seinem Horoskop: Starke Skorpionaspekte bestimmten sein Geburtshoroskop. Wenn diese durch schlechte Transite verstärkt werden, kann es zu schwer bewältigbaren Lebenssituationen kommen. Solche können sich dann – im Falle eines plutonischen Charakters – in vermehrtem Essen, was einer Art Raffgier gleichkommt, zeigen. Auch andere astrologische Aspekte im Geburtshoroskop geben Aufschluß über anlagebedingtes Eßverhalten und können zur Lösung von Gewichtsproblemen herangezogen werden. Die folgenden Visualisierungen, die Gerhard auf dem Weg zur Selbstbefreiung geholfen haben, können auch dich deinem Ziel näherbringen.

Visualisierung, um sich selbst lieben zu lernen:

Lege dich auf dein Bett, und entspanne dich. Atme einige Male tief durch. Stelle dir vor, daß du dich liebst. Spüre ganz tief den Atem in dir, und fühle deine Liebeskraft erwachen. Empfinde auch die Liebe von allen anderen Personen, die in deiner Umgebung leben. Sage dir jeden Tag aufs neue, daß du geliebt wirst. Und sag dir auch: Ich mag mich, wie ich bin!

Visualisierung, um sich öffnen zu lernen:

Lege dich auf dein Bett, und schließe die Augen. Entspanne dich, und atme tief durch. Stell dir vor, daß du dich allen Menschen öffnest, daß alle in dich hineinschauen können, daß du gar keine Geheimnisse vor den anderen hast. Im Gegenteil: Du freust dich sogar, wenn du mit anderen zusammen bist, wenn du mit den anderen redest und ihnen etwas schenkst. Stell dir auch vor, daß du mit einigen Personen aus deiner Umgebung in einem Kreis zusammensitzt und daß ihr Lieder singt. (Die Vorstellung zu singen lockert eine verkrampfte Thymusdrüse.)

Visualisierung, um ein positives Selbstbild zu gewinnen:
Setz dich auf einen Stuhl, schließe deine Augen, und schalte von deinen Alltagsproblemen ab. Atme einige Male tief durch, und stell dir dich so vor, wie du gerne sein möchtest. Stell dir vor, daß du schlank und schön bist, daß dich alle mögen und daß du immer gut ankommst. Stell dir noch einige Eigenschaften vor, die du an dir positiv findest:

____

____

Diese Übung verhilft dir zu einem neuen Selbstbild. Es ist wichtig, ein positives Selbstbild auszustrahlen, da dich die anderen Personen dann auch positiv sehen!

Hannelore, eine 41jährige Dolmetscherin, kam mit beinahe 100 kg zum MENTAL-TRAINING. Sie litt unter Partnerproblemen, Einsamkeitsängsten und Depressionen. Sie ging seit zwei Monaten nicht mehr fort, so sehr schämte sie sich wegen ihrer Figur. Im MENTAL-TRAINING lernte sie ihr Leben grundlegend zu ändern. Da sie schon als Kind dick war – sie wuchs als Einzelkind auf, und die Mutter zeigte ihre Liebe auch in der Überfütterung des Kindes –, mußte sie jetzt ihre Einstellung zum Essen grundlegend ändern. Mit Hilfe von Übungen, die ihr Selbstbewußtsein förderten, lernte sie wieder, an sich zu glauben. Nach zwei Wochen bereits ging sie wieder außer Haus, kleidete sich hübscher, ging zum Friseur und verwendete Parfum. Gegen ihre Depressionen halfen folgende homöopathische Mittel: Zincum Valerianicum von Hedert, Aurum-Heel und die regelmäßige – stündliche – Einnahme einiger Tropfen Thuya D100. Dies stärkte ihre Nervenkraft, und sie konnte die Übungen zum Abnehmen beginnen. Erst als sie erkannte, was ihr das Essen früher bedeutet hatte, nämlich nur Kompensierung ihrer Ängste und Depressionen, begann sie Gewicht abzunehmen. Es ging nicht schnell, was auch gar nicht notwendig war. Trotzdem nahm Hannelore im Laufe eines ganzen Jahres regelmäßig ab, ohne sich Zwang antun zu müssen. Aus Hannelore wurde ein fast neuer Mensch: Sie ernährte sich vegetarisch, was auch gegen die Unreinheiten ihrer Haut half. Sie betrieb Gymnastik und etwas Yoga. In einem Yogakurs lernte sie dann einen geschiedenen Mann kennen, mit dem sie sich gut verstand. Bei ihrem letzten Besuch war sie nicht wiederzuerkennen, ein herzlicher, positiver und lebenslustiger Mensch, voller Tatendrang und Freude!

Visualisierung, um sein Selbstbild zu verbessern:
Setz dich auf einen Stuhl, schließe deine Augen. Bemühe dich um innere Ruhe, und atme tief durch.
Stell dir vor, daß du eine wunderschöne rote Rose bist, die gerade aufblüht. Allen Menschen schenkst du deinen Duft, und alle erfreuen sich an dir. Du bist die schönste Rose im ganzen Blumengarten. Nimm dieses Bild in dich auf, und öffne wieder deine Augen.
Setz dich auf einen Stuhl, und schließe deine Augen. Atme einige Male tief ein und aus. Denke an deine Beine, sage dir: Das sind meine Beine, und sie sind schön, weil sie meine Beine sind. Denke an deine Hüften, und sage dir: Ich liebe meine schönen runden Hüften. Das sind meine Hüften, sie sind schön. Denke an deinen Bauch, streichle deinen Busen, und sage dir: Das ist

mein Busen, den ich sehr liebe. Dann denk an dich selbst, und freue dich, daß du lebst und einen starken Körper hast, der dich täglich trägt. Sage dir dabei: Ich liebe meinen Körper, und ich werde alles tun, damit er gesund und stark bleibt und mich weiterhin so trägt! Ich werde meinem Körper die Nahrung geben, die am gesündesten für ihn ist, da ich meinen Körper am meisten liebe! Führe diese Übung jeden Tag vor dem Einschlafen durch, und dein Selbstbild wird sich bald positiv verändern.

Virgil wog mit 37 Jahren etwa 15 kg zuviel. Er nahm sich vor abzunehmen, um besser auszusehen. Virgil, der Professor für Geschichte ist, nahm seit seinem 18. Lebensjahr konstant wegen übermäßigen Alkoholkonsums zu. Beim Essen hingegen konnte er sich gut beherrschen. Nach einigen Gesprächen konnten wir erkennen, woher Virgils Sucht stammte: Er war ein gehemmtes Kind gewesen, von seinem Stiefvater stark unterdrückt. Seine Mutter hingegen hatte in der Familie eine untergeordnete Stellung eingenommen. Mit etwa 18 Jahren nahm er an einem Fest eines Studienkollegen teil, wo ziemlich viel Alkohol konsumiert wurde: Dort hatte er dann seinen ersten großen Rausch. In diesem Rauschzustand erlebte er zum erstenmal das Gefühl der Hemmungslosigkeit. Vorher war er immer der kleine, schüchterne Virgil gewesen, der sich nie etwas zu sagen getraute. Um sein gehemmtes und von Minderwertigkeitskomplexen geprägtes Verhalten zu verdecken, trank er nun regelmäßig Wein und Bier. Nach einigen Jahren zeigten sich erste Anzeichen einer Sucht, er konnte nicht mehr ohne Alkohol leben; infolge des hohen Alkoholkonsums wurde er krank. Mit Hilfe eines MENTAL-TRAININGS konnte sich Virgil vom Alkohol befreien. Dabei mußte er einige Zeitlang seine Kontakte einschränken, damit er durch seine Kollegen und Freunde nicht rückfällig wurde. Einige Wochen dauerte es, bis er selbstbewußter wurde und allmählich seine Probleme abbauen konnte. In erster Linie betrafen seine

Probleme immer Frauen: Er konnte in nüchternem Zustand mit keiner Frau sprechen. Er wurde nervös und fing an zu stottern. Wenn er jedoch Alkohol getrunken hatte, nahm er die Frauen weniger ernst. In der Therapie bearbeitete er einige Kindheitserlebnisse, die mit diesem Fehlverhalten zu tun hatten. Nach etwa sechs Monaten, als Virgil zahlreiche Übungen gewissenhaft durchgeführt hatte und regelmäßig Therapiestunden genommen hatte, war ein greifbarer Erfolg gesichert. Wie Virgil selbst erzählte, war für ihn die ganze Therapie ein besonderes Erlebnis, das er nie vergessen werde. Als er vom Alkohol wirklich frei war, nahm er natürlich auch ab, was seinem Aussehen zugute kam. Mut und Ehrlichkeit zu sich selbst waren die Voraussetzungen seines Erfolgs. Wie aber unsere Erfahrung zeigt, zahlt sich eine gewissenhafte Durchführung des MENTAL-TRAININGS immer aus! U. a. haben Virgil die folgenden Affirmationen geholfen. Wenn du ein Alkoholproblem hast, kannst du sie für dein MENTAL-TRAINING nutzen.
»Ich, ..., verzichte gerne auf alkoholische Getränke!«
»Ich, ..., habe einfach nie Appetit auf alkoholische Getränke!«
»Ich, ..., bestelle in Lokalen nie alkoholische Getränke, auch wenn meine Bekannten sich für Alkohol entscheiden!«
Für Alkoholiker:
»Alkohol macht mich kaputt!«
»Ich kann mich gut von Alkohol lösen, das ist für mich kein Problem mehr!«
»Alkohol macht mich nur unglücklich, ich verzichte in Zukunft darauf!«

Hilde hatte etwa 10 kg Übergewicht, als sie mit dem MENTAL-TRAINING begann. Sie war damals 43 Jahre alt und als Sekretärin tätig. Sie war verheiratet und hatte ein Kind. Nach der Geburt ihrer Tochter hatten ihre Gewichtsprobleme begonnen. Obwohl sie nicht übermäßig viel aß, nahm sie nicht ab. »Es schmeckt so gut«, sagte Hilde einige Male während der Gespräche. Sie erzählte gerne, was sie aß und wo sie es einkaufte. Besonders gute Sachen, betonte Hilde, kaufte sie immer in einem Delikatessengeschäft. Hilde kochte auch leidenschaftlich gerne, sie studierte einige Kochbücher und probierte Spezialitäten aus. Kein Wunder, daß auch ihr Ehemann unter Gewichtsproblemen litt. Beide hatten schon einige Schlankheitskuren hinter sich, jedoch mit wenig Erfolg. Immer wieder nahmen sie zu. Als wir ihnen erklärten, daß sie ihre Einstellung zum Essen ändern müßten, da waren beide zuerst sehr enttäuscht. Essen sei doch das einzig Schöne, das ihnen Freude bereiten würde. Mit Hilfe von verschiedenen Übungen, die in unserem Buch über MENTAL-TRAINING in Partnerbeziehungen angeführt wurden, konnten wesentliche Probleme in ihrer Partnerschaft beseitigt werden. Das Ehepaar stellte seine Küche auf vegetarische Kost um, sie besuchten sogar einen vegetarischen Kochkurs. Neue Eßgewohnheiten halfen von alten Vorstellungen über das Essen wegzukommen. Auch Visualisierungen brachten Hilde ihrem Idealgewicht näher. Mit Hilfe dieser Umstellungen waren beide Partner in einigen Wochen bereits wesentlich schlanker geworden. Da sie bei ihren neuen Eßgewohnheiten blieben, was auch ihrer Gesundheit zugute kam, gab es keine Rückfälle.

Visualisierungen, um dem Essen gegenüber eine neutrale Haltung zu gewinnen:
Setz dich auf einen Stuhl, schließe deine Augen, und atme tief durch. Stell dir ein gutes Essen vor, bleib dabei aber ohne Begierde. Dann stell dir etwas vor, das du nicht gerne ißt. Bleib auch hier emotionslos, und versuche anschließend beide Gerichte geistig zusammenzuführen. Sag dir, daß es nicht richtig ist, wie etwas schmeckt, sondern daß du in erster Linie auf deine Gesundheit achtest. Führe diese Übung so lange durch, bis du sie beherrschst.
Setz dich auf einen Stuhl, und schließe deine Augen. Stell dir nun

vor, daß du dich in einem großen Delikatessengeschäft befindest. Hier siehst du vieles, was munden würde. Du jedoch gehst ruhig an diesen Nahrungsmitteln vorbei und suchst dir nur jene aus, die für dich wirklich gesund sind. Auch nimmst du davon nur soviel, wie du wirklich benötigst. Führe diese Übung so lange durch, bis du sie beherrschst.

Doris war 57 Jahre alt, als sie zu uns kam. Sie ist eine geschiedene Frau und hat drei erwachsene Kinder. Seit ihrem 45. Lebensjahr nahm sie permanent zu; damals machte ein Freund Schluß mit ihr und ging mit einer jüngeren Frau. Dieses Erlebnis hat Doris nicht ganz verkraftet, obwohl sie schon seit vielen Jahren einen neuen, netten Freund hat. In den Gesprächen mit Doris zeigte sich, daß sie sich durch dieses Erlebnis ihres Alters wirklich erst bewußt wurde. Sie war immer eine ausnehmend hübsche Frau gewesen, ein Typ wie Grace Kelly. Zeit ihres Lebens wurde Doris von Männern umschwärmt. Erst mit 45, nach dem genannten Erlebnis, brach die Welt für sie zusammen. Sie tröstete sich mit Schokolade und anderen Süßigkeiten. Bald nahm sie einige Kilos zu, was sich schlecht auf ihr gesamtes Selbstbewußtsein auswirkte. Im Büro, wo sie arbeitete, wurde sie von ihrem Chef nun öfters ignoriert, was der sensiblen Doris weiteren Kummer verursachte. Die Angst vor Ablehnung begann zu wachsen. Als einige Kolleginnen ihre Probleme zu durchschauen begannen, nützten sie die Situation für Intrigen und bürointerne Machtkämpfe aus. Doris wurde nicht mehr gegrüßt, es wurde über sie schlecht geredet, so daß sie wiederum Trost beim Essen suchte. Sie bekam eine schwere Darmkrankheit, woraufhin ihr der Arzt zu einer Vollwertdiät riet. Da sie sich nicht immer daran hielt, nahm sie nur geringfügig ab. Die Darmbeschwerden ließen jedoch etwas nach. Das war vor zwei Jahren. Als Doris zu uns kam, war sie eine gebrochene Frau. Sie hatte niemanden, mit dem sie über ihre Probleme sprechen konnte.

Visualisierungen, um die Angst vor Ablehnung abzubauen:
Wie Doris essen Menschen übermäßig, wenn sie verletzt oder abgelehnt wurden. Sie sind nur zufrieden, wenn sie bei ihren Mitmenschen ankommen. Gelingt das nicht, sind sie ihren Emotionen hilflos ausgeliefert, besonders wenn sie nicht gegrüßt oder nicht beachtet werden, wenn über sie »geredet« wird. Dann suchen sie Trost im Essen.

Setz dich auf einen Stuhl, und schließe deine Augen. Atme tief durch. Stell dir eine dieser Situationen vor, die du noch nicht im Griff hast. Beobachte dich in dieser Situation, als ob du jemand anders wärest. Wenn du einen gewissen Abstand zu dir gewonnen hast, dann stell dir die Situation nochmals vor. Bleib aber völlig emotionslos, reagiere nicht mit Ärger, Haß oder Wut, sondern versuche über den Dingen zu stehen. Nimm die Worte des anderen auf, aber laß nicht zu, daß sie dich erschüttern können. Nimm denjenigen nicht ernst, der dich demütigen möchte. Bestimmt handelt es sich um einen primitiven Menschen, der das bei vielen macht! Sag dir, daß du mit dem anderen nichts zu tun haben möchtest, und gehe ihm aus dem Weg. Mach ihm jedoch nicht die Freude, daß du dich ärgerst, denn genau das ist sein Ziel. Wenn er bemerkt, daß du innere Ruhe bewahrst, wird er mit seinen Demütigungen aufhören. Gehe in Gedanken nun einige solche Situationen durch, die dich früher dazu verleitet haben, mehr zu essen, als notwenig gewesen wäre. Führe diese Übung so lange durch, bis du alle diese Situationen beherrschst.

Vielleicht hilft auch dir das folgende Bild, das Doris jeden Abend visualisierte: Sie sah sich umgeben von freundlichen Personen, die zu ihr genauso freundlich waren wie sie zu ihnen. Sie sah sich auch in verschiedenen Alltagssituationen, im Büro mit ihren Kolleginnen und mit ihrem Chef. Die Vorstellung dieser Bilder half ihr zu erkennen, daß auch sie selbst nicht besonders kontaktfreudig und freundlich zu ihren Kolleginnen gewesen war.

Sie hatte diese früher sogar einige Male ziemlich unter Druck gesetzt. Jetzt, wo sie bei ihrem Chef nicht mehr so viel galt, fehlte ihr die Rückendeckung. Diese Selbsterkenntnisse halfen ihr, ein positiver Mensch zu werden. Nach zwei bis drei Wochen konnte Doris die ersten Erfolge verbuchen. Die Kolleginnen wurden freundlicher und wollten sogar wieder mit ihr Kontakt haben. Dies verdankte sie dem MENTAL-TRAINING. Doris nahm bald darauf einige Kilos ab. Sie dachte einfach gar nicht mehr daran, Süßes einzukaufen. Nach zwei Monaten hatte sie beinahe 8 Kilo abgenommen und konnte wieder Kleider, die ihr früher gepaßt hatten, tragen!

Im MENTAL-TRAINING haben Doris auch folgende *Affirmationen* geholfen:

»Ich überlasse Max (der Doris verlassen hat) seinem Schicksal. Er geht seinen Weg. Ich gehe meinen Weg. Diese Zeit damals war nicht so schön, ich möchte sich nicht wieder erleben!«

»Jede Frau wird einmal älter. Ich, Doris, denke an meine Mutter, die das Älterwerden so gut und problemlos bewältigt hat. Ich mache es so wie meine Mutter!«

»Meine Falten spiegeln mein Leben wider. Ich schäme mich nicht wegen meiner Falten. Meine Falten sind ein Teil von mir!«

»Ich, Doris, bin es wert, geliebt zu werden.«

Marianna war 41 Jahre alt, als sie uns aufsuchte. Sie war eine ausgesprochen hübsche, blonde Frau, die seit etwa 15 Jahren unter Übergewicht litt. Je nach Gefühlslage hatte sie 5–10 Kilo zuviel. In den vielen Gesprächen, die wir mit ihr führten, kam bald heraus, daß sie unter ihren falschen Vorstellungen über »das Leben« litt. Seit früher Kindheit hatte ihre Mutter sie in einer bestimmten Richtung festgelegt: Sie sollte einen reichen, gutaussehenden Mann heiraten. Dieser müsse gesellschaftlich etwas darstellen. Leider folgte sie dann diesen Vorstellungen ihrer Mutter. Mit 21 lernte sie einen Medizinstudenten kennen. Sie

wurde schwanger, jedoch kam es nicht zur Heirat. Sie suchte weiter nach einem wohlhabenden Mann und lehnte jeden einfachen, ehrlichen Bewerber ab. Einige Jahre später wurde sie wieder schwanger, diesmal von einem ausländischen Diplomaten, der bald darauf in seine Heimat zurückging. Nun stand Marianna mit zwei Kindern allein da und machte sich ständig Selbstvorhaltungen: Ich habe nichts erreicht, aus mir ist nichts geworden usw. Nur mit Hilfe von Süßigkeiten und größeren Essensportionen, wie sie selbst erzählte, hielt sie sich aufrecht. Im MENTAL-TRAINING lernte Marianna ihre falschen Programme zu lösen. Traurig war sie nur noch, weil sie viele wertvolle Jahre ihres Lebens mit solchen dummen Gedanken, wie sie selbst sagte, vertrödelt hatte. Als sie ihr eigentliches Problem von innen heraus gelöst hatte, nahm Marianna auch ab. Sie hatte keinen Grund mehr, traurig zu sein.
Nach drei Monaten erreichte sie wieder ihr Idealgewicht. Sie traf sich wieder mit Personen von früher, besuchte Verwandte und lernte dort auch bald einen um sieben Jahre älteren verwitweten Herrn kennen, der auch ihre Kinder aus ganzem Herzen annahm. Nach einigen Monaten verlobten sie sich. Marianna hat die folgende Visualisierung geholfen, und u. U. eignet sie sich auch für dich.

Visualisierung, um vom Essen als Kompensation wegzukommen:
Manchmal glaubt man wie Marianna, daß man sein Lebensziel nicht erreicht hat, daß man nicht das bekommen hat, was man sich seit vielen Jahren gewünscht hat. Solche Gefühle erzeugen Wehmut und Traurigkeit, die dann mit übermäßigem Essen kompensiert werden. In einer solchen Situation ist es wichtig, daß man einen klaren Kopf behält, nicht aufgibt und nicht vereinsamt, daß man etwas unternimmt, auch wenn es nicht mit dem Mann oder der Frau der Träume ist, daß man sich von alten Vorstellungen und falschen Programmierungen löst. Nur eine

Veränderung der inneren Situation ermöglicht eine äußere Verbesserung des Gefühlsbarometers.
Setz dich an einen stillen Ort, und schließe deine Augen. Vor deinem inneren Auge erscheint nun ein Mensch, der genau dein Leben gelebt hat, der dir sehr ähnlich sieht und der auch mit deinen täglichen äußeren und inneren Problemen konfrontiert ist. Du schaust ihn dir nun ein wenig an und gibst ihm dann folgenden Ratschlag: Er soll sich von seinen alten Vorstellungen lösen. Intuitiv erkennst du, wie er das machen soll und was ihm dabei hilft. Diese Übung solltest du so lange ausführen, bis du die Ursachen deiner Probleme besser durchschaut hast.
Daneben haben Marianna folgende *Affirmationen* (auf Endlos-Tonband) geholfen:
»Ich suche nicht mehr nach einem Traummann. Ich möchte einen Mann aus meiner eigenen Gesellschaftsschicht, der mich liebt und zu mir hält, wenn ich ihn brauche!«
»Ich weiß, daß mein Leben wieder glücklich wird. Ich habe zwei liebe Kinder, die mich lieben. Ich halte zu ihnen. Sie halten zu mir!«
»Ich habe ein gutes Leben. Es ist besser, als ich glaube!«
»Ich, Marianna, bin es wert, geliebt zu werden!«
»Mein neues Lebensziel heißt: Meine Kinder zu lieben und sie zu verantwortungsvollen Menschen zu erziehen. Das macht mir viel Freude und stellt eine schöne Aufgabe dar!«

Karoline ist eine kleine Frau, 1,53 m groß. Obwohl sie nur 50 kg wog, klagte sie immer wegen Übergewicht. Da sie sehr modebewußt und auf Schlankheit bedacht war, aß sie meistens nur ganz wenig. Einige kleine Stücke Obst zum Mittagessen, und schon hatte sie das Gefühl, sie würde zunehmen. Wenn ihr jemand etwas zu essen anbot, erwiderte sie beinahe beleidigt: Wissen Sie, ich werde von allem dick. Diesen Satz hatte sie sich seit früher Kindheit eingeprägt. Auch ihre Mutter, die eine ähnliche Körperkonstitution wie sie hatte, litt unter diesen Vorurteilen. Ihre Ängste, von jedem Essen dick zu werden, lösten im Unterbewußtsein genau das aus, was sie vermeiden wollte: Sie nahm zu, wenn sie aß, egal wie wenig. Erst als Karoline ihre inneren Programme umstellte, war es ihr möglich, ihr Gewicht, auch wenn sie normal aß, zu halten. Wenn du unter ähnlichen Ängsten leidest, hilft dir die folgende Visualisierung.

Visualisierung, um von der Angst vor dem Essen loszukommen:
Wie Karoline haben vor allem Frauen zu große Angst vor dem Essen. Diese Angst löst im Unterbewußtsein eine Art Neurose aus und kann dann eine Gewichtsabnahme verhindern. Meist sind Frauen mit diesen Problemen ohnehin sehr schlank und haben manchmal sogar einen »überzüchteten« schlanken Körper.
Setz dich an einen ruhigen Ort, und schließe deine Augen. Visualisiere einen großen Berg deiner Lieblingsspeisen. Stelle dir dabei vor, daß dich diese nicht dick machen können. Du ißt nun den ganzen Berg auf, aber du erkennst intuitiv, daß du kein Gramm zugenommen hast. Führe diese Übung so lange aus, bis du deine Angst vor dem Essen überwunden hast.
Im Mental-Training haben Karoline auch folgende *Affirmationen* geholfen:
»Ich, Karoline, werde vom Essen nicht dick!«
»Ich, Karoline, werde überhaupt nicht dick!«
»Essen macht mich schlank!«
»Das Essen verdaue ich rasch. Es wird bald ausgeschieden!«
»Ich, Karoline, habe eine gute Verdauung. Mein Darm scheidet gerne aus!«
»Essen ist kein Problem mehr für mich!«
»Ich, Karoline, bekomme genug Anerkennung. Ich muß sie mir nicht suchen!«
»Ich, Karoline, bin zufrieden mit meiner Körpergröße, ich liebe mich!«

Schlank durch Meditation

Intuitives Essenlernen, Abbau von Begierden und Süchten

Mit Hilfe von Meditation lernt man, sich richtig zu konzentrieren. Sich richtig konzentrieren bedeutet, seine Gedanken nach innen zu richten, dorthin, wo die eigene Intuition ist. Wenn du einmal gelernt hast, auf deine Intuition zu hören, kannst du alles essen, was du willst. Deine Intuition führt dich dann so, daß deine Essensfreude von innen kommt. Wenn du die Konzentrationsübungen, die hier beschrieben sind, sorgfältig ausführst, dann ist es dir bald möglich, aus deiner Intuition zu leben.

Der Meditations- beziehungsweise Konzentrationspunkt liegt in der Mitte der Stirne, etwa zwei Zentimeter über deiner Nasenwurzel. Von dort aus richte deine geschlossenen Augen ganz nach innen. Die alten indischen Schriften geben die Zirbeldrüse als Sitz der Intuition an. Durch die Konzentration auf diesen Punkt beginnen die inneren Energien zu fließen, du kannst klarer und besser denken. Je häufiger du dich nach innen richtest, desto mehr wird es dir zur Gewohnheit, intuitiv zu denken. Daher ist es wichtig, zu Beginn zumindest einige Wochen regelmäßig zu üben. Dein Ziel ist der Alpha-Zustand, wo du nicht mehr von negativen Gewohnheiten, Gefühlen, Begierden und Zwängen beherrscht wirst.

Bevor auf die Meditations- und Konzentrationsübungen eingegangen wird, die dein Schlankheitsprogramm unterstützen, sollen die Gehirnwellenbereiche kurz erläutert werden:

Delta-Wellen = Frequenz bis 4 Hz;
Theta-Wellen = Frequenz von 4 bis 7 Hz;
Alpha-Wellen = Frequenz von 7 bis 14 Hz;
Beta-Wellen = Frequenz über 14 Hz.

Die normale Gehirnwellenfrequenz eines Durchschnittsmenschen liegt im Beta-Bereich. Dabei wird geschätzt, daß sich etwa 80 Prozent aller Erwachsenen während des Wachzustands im Beta-Bereich befinden, während Kinder noch zu 80 Prozent im Alpha-Zustand leben. Auch während Zen- oder Yogameditationen befindet man sich meistens im Alpha-Zustand. Durch Forschungen ist bekannt, daß glückliche und erfolgreiche Menschen sich öfter im Alpha-Zustand befinden als Menschen, die aufgrund ihrer negativen Gefühle, z. B. Begierden, Ärger, Haß oder Eifersucht, im Beta-Bereich verharren. Auch Freßsucht und Eßbegierden sind dem Beta-Bereich zuzuordnen. Diese wissenschaftlich überprüfbaren Tatsachen belegen die Notwendigkeit, der Meditation in jedem Schlankheitsprogramm einen wichtigen Platz einzuräumen, besonders wenn man seine Eßgewohnheiten ändert oder wenn man Rückfällen vorbeugen möchte.

Bevor du nun mit den Meditationsübungen beginnst, such dir einen geeigneten Ruheplatz aus, an dem du dich ungestört aufhalten kannst. Lüfte den Raum gut durch, und dunkle ihn ab, wenn dich das Licht stört. Deine Kleidung sollte locker sitzen. Lege deinen Gürtel ab, wenn er dich beengt. Wenn dich deine Schuhe stören, so zieh sie aus. Mach es dir bequem, und stell dich innerlich auf dein Vorhaben ein! Atme vor den Übungen einige Male tief durch, und nimm dir bei deiner Meditation ausreichend Zeit. Lege auch zwischen den Übungen Pausen ein, und reflektiere deine Erfahrungen, die du während der Meditation machst.

Erschließe deine Intuition!

Setze dich auf einen Stuhl, schließe die Augen, und richte dich nach innen. Laß los von deinen Tagesproblemen, bemühe dich, gar nichts zu denken. Wenn du dennoch eine innere Unruhe verspürst und störende Gedanken sich einschleichen, so sprich eine Affirmation (oder ein Mantra), z. B.: »Ich bin ruhig und ausgeglichen!« oder »Es geht mir gut, ich freue mich auf meine Meditation!« Auch ruhige Musik hilft dir, deinen Gedankenfluß zu zügeln. Wichtig ist, daß dein Gemüt entspannt ist und daß du dich gut fühlst. Jeder, der zu meditieren beginnt, muß am Anfang erst seinen Gedankenapparat unter Kontrolle bringen. Konzentriere dich immer weiter nach innen. Atme gleichmäßig, und versuche deinen Atem regelmäßig fließen zu lassen, was du auch nach der Meditation beibehältst. Führe diese Übung jeden Tag in der Früh und am Abend etwa 5–10 Minuten lang durch.

Iß intuitiv!

Bemühe dich, während du ißt, an nichts anderes zu denken als an das Essen. Schalte alle störenden Gedanken aus, und lenke dich auch nicht mit einer Zeitung oder durch Radio oder Fernsehen ab. Durch diese Übung entsteht eine intensive Beziehung zur Nahrung. Du kannst dich besser auf sie einstellen, intuitiv ißt du weniger, weil du innerlich spürst, wieviel dein Körper wirklich benötigt. Die neue Einstellung, die du mit Hilfe dieser Übung lernst, bringt dich deinem Ziel einen großen Schritt näher.

Wenn du diese Übung beherrschst, versuche folgende: Führe jeden Bissen ganz bewußt zu deinem Mund. Beobachte jede deiner Hand-, Arm- und Kaubewegungen. Das hilft dir bewußt essen zu lernen und öffnet dir den Weg zu deiner Intuition! (Diese Übung entstammt dem Buddhismus und wird dort »Aufmerksamkeitsübung« genannt.)

Bau deine Begierden ab!

Wenn du Hunger hast und dir etwas Gutes zubereitest, dann betrachte das Essen erst einmal einige Minuten. Nimm etwa ein Stück Schokoladekuchen vor dem Essen in deine Hände, taste ihn ab, und rieche ihn. Erst wenn du diese Übung durchgeführt hast, solltest du ihn essen. Führe diese Übung einige Wochen lang durch, bis du ohne Begierde essen kannst. Du wirst sehen, auch das kann Spaß machen! Mit dieser Übung kannst du dir alle Arten von Fleischspeisen abgewöhnen, denn sobald du sie ohne Begierde essen kannst, wird es dir auch möglich sein, ganz auf sie zu verzichten und zu einer gesunden, vegetarischen Ernährung überzugehen.

Löse dich von Streß!

Streß kann sich sehr negativ auf dein Schlankheitsprogramm auswirken. Streß wirkt sich auf Nebenniere, Thymusdrüse sowie auf deine Magenschleimhäute aus und führt langfristig zu Erkrankungen. Außerdem haben gestreßte Menschen häufiger das Gefühl, schnell essen zu müssen, und essen deshalb meist größere Portionen. Sie sind hastig und verlernen, das Leben zu genießen. Die Menschen befinden sich permanent in einem angespannten Zustand – oft über Jahre hinweg – und können erst durch Entspannungsübungen wieder gelöst werden.

Öffne ein Fenster. Setz dich auf einen Stuhl, und stelle deine Füße flach auf den Boden. Lege nun deine Hände locker in deinen Schoß, und atme einige Male tief durch. Spanne dann deine Muskeln ein wenig an, und löse gleich darauf diese Anspannung. Entspanne deine Finger nacheinander, deine Arme und deine Beine und deinen ganzen Körper. Spanne nun kurz deine Kiefermuskeln an, und löse gleich darauf diese Anspannung. Fühle, wie sich der Druck in deinem Kiefer löst. Spanne dann kurz deinen Rücken und deine Schultern an, und löse gleich darauf diese Anspannung. Fühle, wie sich die Verspannung in deinem Rücken und in deinen Schultern löst. Dehne diese Übung auf alle Körperteile aus, die du während deiner Arbeit besonders belastest.

Eine andere Möglichkeit der Entspannung: Du versetzt dich geistig an einen schönen Ort, z. B. an deinen letzten Urlaubsort. Vergegenwärtige dir alle deine Eindrücke, und freue dich über die schönen Erlebnisse, die du damals gehabt hast! Meditation ist eine natürliche Form der Entspannung. Wenn du dich entspannen kannst, benötigst du keine Tranquilizer, keine Zigaretten, und keine Schlaftabletten (mehr)!

Beobachte deine Gedanken!
Schreibe alle störenden Gedanken auf, die dir während eines Tages über das Essen kommen. Führe darüber Tagebuch. Versuche am darauffolgenden Tag, bestimmte Gedanken nicht mehr zuzulassen. Wenn dir z. B. schon um 11 Uhr Gedanken über das Mittagessen kommen, so mach dir diese bewußt, und schreibe sie in dein Tagebuch. Am nächsten Tag sagst du dir: Jetzt möchte ich noch nicht an mein Mittagessen denken, erst wenn es soweit ist.

Hong-Soh-Atem-Übung
Ein ruhiger Atem hilft, gelassener und gelöster zu essen; zu große Begierden können dadurch abgebaut werden. Der Energiefluß wird harmonischer. Dies verbessert auch das körperliche Befinden. Es wird dir gelingen, in dir zu ruhen und von innen her zu essen.
Eine der bekanntesten Atemübungen ist die Hong-Soh-Atem-Übung. Beim Einatmen stellt man sich den Laut »Hong« vor, beim Ausatmen den Laut »Soh«. Konzentriere dich dabei auf deine innere Mitte, und beobachte von innen her deinen Atem. Führe diese Übung so lange aus, bis es in dir zu atmen beginnt. Je häufiger und konzentrierter du diese Übung durchführst, desto schneller wirst du lernen, mit Ruhe und Gelassenheit zu essen. Außerdem fördert ein gleichmäßiger innerer Atemfluß dein Selbstbewußtsein und versetzt dich in einen angenehmen Zustand. Es entsteht eine Verbindung zu deiner Intuition, und die Bewältigung aller Probleme wird dir leichtfallen.
Auch wenn dir diese Übungen zu Beginn zu einfach erscheinen, so solltest du sie trotzdem einmal ausprobieren. Hinter diesen

einfachen, aber sehr nützlichen Übungen liegen tiefgründige Tao-Weisheiten, die einem erst aufgehen, wenn man die Übungen wirklich beherrscht. Laß dich auf diesen neuen Weg ein, er bringt dich deinem Ziel näher! Vielen Menschen haben diese Übungen geholfen, und von denen, die sie regelmäßig jeden Tag ausführen, ist keiner dick, sondern alle sind gesund, schlank und zufrieden. Das wahre Glück ist innen zu suchen, heißt es im Taoismus, in sich selbst. Nur wenn du in dir Frieden und Freude findest, kannst du glücklich sein. Dann bist du frei von Begierden, Süchten und Ängsten.

Im Abschnitt »Bewegungsyoga und Gymnastik« (siehe S. 104ff.) findest du weitere Übungen, die dir helfen, deinen Atem zu regulieren.

Dein Meditations-Schlankheits-Programm

Im folgenden werden besinnliche Meditationstexte zu verschiedenen Problemen, die mit der Gewichtsabnahme zusammenhängen, angeführt. Sprich die von dir ausgewählten Texte selbst auf Tonband. Höre das Band etwa drei Wochen lang täglich vor dem Einschlafen an.

Meditation »Ich liebe mich«

Ich werde ruhiger und ruhiger,
ich vergesse die Hektik des heutigen Tages
und schließe meine Augen.

Ich liebe meine Seele, meinen Geist und meinen
Körper,
alles an mir ist liebenswert.
Ich spüre, wie meine innere Gotteskraft mich mit
ihrer Liebe durchdringt.

Sie hüllt mich in ihre Liebe ein,
daß ich vollkommen Liebe bin.

Ich freue mich über mein Leben,
ich freue mich über mich selbst,
ich liebe mich genauso, wie ich bin.
Alles an mir ist liebenswert:
meine Augen,
meine Nase,
mein Mund,
meine Hände,
meine Beine,
meine Hüften
und mein Busen. (Für Männer: Meine Schultern und meine Muskeln.)

Ich möchte nur ich selbst sein
und niemand anders.
Ich bin mit mir völlig zufrieden.

Wenn ich mich *bedingungslos* liebe,
dann bin ich zufrieden.
Dann habe ich keinen Hunger und keinen Durst.
Dann habe ich kein Verlangen nach etwas Süßem oder
etwas Saurem.

Wenn ich mich *bedingungslos* liebe,
dann freue ich mich über mein Leben.
Dann ist mir das Essen (hier die Lieblingsspeise
einsetzen) nicht mehr das Wichtigste in meinem
Leben,
sondern ich selbst.

Wenn ich mich wirklich *bedingungslos*
liebe,
dann geht alles gut.
Dann habe ich mich aus meinem Eß-Gefängnis befreit
und von meinen Begierden gelöst.

So einfach ist alles im Leben:
Ich brauche mich nur *bedingungslos* zu
lieben.

Es geht mir gut,
ich öffne meine Augen.

Meditation »Ich befreie mich von Eßsüchten«

Ich fühle mich entspannt und
schließe meine Augen.

Liebe durchströmt meinen Körper,
dieser Liebe gebe ich mich hin.
Dieser Liebesstrom
nimmt meine Süchte mit sich
und reinigt meinen Körper und Geist.
Ich fühle mich frei
von allen Eßzwängen,
die mich belastet
und gequält haben –
frei für mich selbst.

Alle Abhängigkeiten vom Essen fallen von mir,
wenn ich mich meinem inneren Liebesstrom hingebe.
Von heute an wird jeder Augenblick meines Lebens
schön!
Ich blicke frei und gelassen in meine Zukunft.
Nie wieder spüre ich die Begierde nach Essen,
nie wieder esse ich, wenn ich keinen Hunger habe,
nie wieder gebe ich meiner Freßsucht nach,
das habe ich nicht mehr nötig.
Ich verspüre keine Freude beim Essen,
nur Trostlosigkeit und Begrenzungen.
Diese haben sich jetzt gelöst,
mein Liebesstrom in mir macht mich von
allen Begierden und Süchten frei.
Ich habe mein Gefängnis durchbrochen,
ich habe meine Eßzwänge gelöst,
ich bin wieder ich selbst.
Keinen falschen Begierden gebe ich mehr nach,

sondern ich ruhe immer in mir selbst,
lebe aus mir
und liebe mich.

Jeden Tag gebe ich mich meinem inneren
Liebesstrom hin,
da ich in ihm am glücklichsten bin,
da bin ich frei und voller Freude.
Ich bin ein neuer Mensch geworden,
der weiß, welchen Weg er geht,
der weiß, seine Begrenzungen zu lösen,
der nur ißt, wenn er Hunger verspürt,
dem das Essen nicht mehr bedeutet
als die Ernährung seines Körpers,
der nicht mehr von Begierden und Süchten
abhängig sein will,
sondern frei,
in seinem Sein.

Es geht mir gut,
ich öffne die Augen.

Meditation »Ich stärke meinen Willen«

Ich bin entspannt,
strecke mich und lasse von meinen
Tagesproblemen los.
Ich schließe meine Augen.

Ich, ... (Vorname), weiß, daß ich es schaffe.
Ich werde meinen Plan verwirklichen.
Ich kann meine Eßgewohnheiten ändern
und ändere mich selbst.
Das gelingt mir.
Ich werde von Tag zu Tag
den schlanken Menschen ähnlicher.
Ich nehme an Gewicht ab
und erkenne meine wahren inneren Probleme.
Ich habe die Kraft und den Willen dazu.
Mein neues Schlankheitsbewußtsein ist mir wichtig,
ich weiß genau, wie ich es in mir verwirkliche,
und setze mich gegen meine eigenen falschen
Eßgewohnheiten durch.
Das fällt mir leicht.
Was ich mir vornehme, das erreiche ich auch.
Ich führe alle für mich wichtigen Übungen
nach meinem persönlichen MENTAL-TRAININGS-Programm
durch!
Ich habe volles Vertrauen zu mir selbst,
nichts kann mich daran hindern, meinen Plan
durchzuführen.
Ich bin zielsicher
und weiß, daß ich von Tag zu Tag immer mehr abnehme
und mein Wunschgewicht von ... kg
bald erreichen werde!

Ich glaube fest an mich selbst,
alles fällt mir leicht!
Ich ändere meine Eßgewohnheiten von selbst!
Ich arbeite zielbewußt an mir.
Ich bin voller positiver Willenskraft
und weiß immer, daß ich mein Ziel erreiche!

Mir geht es gut,
ich öffne meine Augen!

Meditation: »Ich verbessere meine Ausscheidung«

Ich liege entspannt auf meinem Bett
und gebe mich meiner inneren lichten Kraft hin!

Ich massiere leicht meinen Bauch
und spüre, wie gut mir das tut.
Mein Darm ist ein ganz wichtiges Organ,
er ist für die Verdauung und für die Ausscheidung
zuständig.
Ich liebe meinen Darm
und danke ihm,
daß er viele Jahre
so gut für mich gesorgt hat!

Nun gehe ich ganz tief in mich hinein.
Immer tiefer und tiefer.
Ich spüre mich ganz in meinem Darm.
Hier stelle ich fest,
daß mein Darm unter den vielen ungesunden
Nahrungsmitteln leidet.
Vor allem Fleischspeisen
bilden Fäulnis und Schlacken in meinem Darm.
Ich nehme mir vor,
mich in Zukunft gesünder zu ernähren.
Ich stelle mir vor, wie Vollwertkost ohne Fleisch
meinen Darm durchreinigt,
von Giften befreit und heilt.
Deshalb will ich ihm nur gute, gesunde Speisen
zuführen: viel Gemüse, Körner und Kräutertees!
Ich liebe meinen Darm.

Wenn ich etwas esse,
dann scheide ich es auch gerne wieder aus.

Ich löse mich schnell davon,
lasse von allen Nahrungsmitteln leicht los.
Ich will nichts halten
und haben,
da ich kein Vorratsbehälter bin.

Das Essen, das ich zu mir nehme,
geht durch meinen Körper hindurch,
ich will es auch nicht *halten*.
Es nährt mich,
wird aber wieder ausgeschieden.
Ich will es niemandem nehmen.
Ich vergönne jedem mein Essen.
Jeder andere kann von meinem Essen haben.

Ich weiß, wenn ich schenke,
dann will ich nicht halten,
wenn ich gebe,
dann will ich nicht haben.
Wenn ich Nahrung aufnehme,
dann hat mein Körper nicht die Funktion einer
Vorratskammer.

Wenn ich mich liebe,
dann brauche ich keine Vorräte,
wenn ich mich liebe,
dann genüge ich mir selbst.
Ich möchte mich lieben,
da ich dann mein neues Eßbewußtsein schneller
verwirkliche.

Ich weiß,
meine Verdauung wird immer besser,
wenn ich mich liebe.

Ich scheide gerne aus,
Geben macht mir große Freude.
Ich lasse los
von mir,
von meinem Wollen und Wünschen.
Ich bin glücklich, wie ich bin,
da ich mich liebe.

Ich fühle mich wohl
und öffne meine Augen.

Meditation »Ich verbessere mein Selbstwertgefühl«

Ich bin entspannt
und schließe meine Augen.

Viel Kraft und Sicherheit sind in mir.
Ich fühle mich in meinem Körper wohl,
ich akzeptiere meinen Körper.
Ich akzeptiere mich selbst.

Immer fühle ich mich selbstbewußt und kraftvoll,
gleichgültig, wie viele Kilos ich wiege.
Mein Aussehen ist nicht für mein Selbstbewußtsein
wichtig,
ich bin immer selbstbewußt,
gleichgültig, was andere von mir denken,
Ich gehe überallhin,
wohin ich gehen will.
Ich schäme mich nicht wegen meines Körpers.
(Bitte sprich die letzten beiden Sätze nur, wenn du dieses Problem hast.)
Ich weiß,
daß mich die anderen so mögen,
wie ich bin.
Und wenn mich jemand einmal nicht gerne hat,
so ist mir das wirklich gleichgültig.
Das passiert doch jedem Menschen!

In mir ist viel Kraft und Selbstvertrauen.
Ich strahle Selbstsicherheit und Liebe aus!
Ich bin eine starke, selbstbestimmte Persönlichkeit.

Ich weiß immer, was ich will.
Ich kenne meine Ziele
und weiß, daß ich sie erreiche!

Ich weiß auch ganz genau,
daß ich in ... nur noch ... kg wiege!
Das gelingt mir leicht.
Ich richte meine Ernährung danach ein.
Nichts kann mich daran hindern.
Alles ist fördernd.

In jeder Situation bin ich völlig frei und sicher.
Ich spreche und diskutiere ohne Hemmungen.
Hemmungen lösen sich.
Ich bin selbstbewußt, weil ich etwas darstelle.
Es geht in meinem Leben um die inneren Werte,
um das positive Denken und Handeln.

Mir geht es gut.
Ich öffne meine Augen.

Meditation »Ich stärke meine Selbstheilungskräfte«

Ich fühle mich entspannt und
schalte ab von meinen Tagesproblemen.
Ich schließe meine Augen.

Ich spüre, wie mein innerer Liebesstrom
meinen ganzen Körper durchfließt.
Er löst alle Disharmonien und Krankheiten auf.
Ich spüre, daß ich frei von allen negativen
Schwingungen werde.
Das macht mich sehr glücklich.
Mein Körper wird elastisch und gesund.
Ich fühle mich verjüngt und glücklich.
Ich habe wieder Kraft und Mut.

Mit jedem Atemzug
strömt heilende Energie in mich ein.
Sie löst meinen Kummer und meine Sorgen.
Ich fühle mich frei von allem,
was mich je belastet hat.
Ich bin jetzt neu geboren.
Alle Beengungen sind gelöst.

Kosmische Kraft durchströmt meine Zellen,
lebensspendende Energie macht mich gesund.
Ich fühle mich jünger und schöner.
Alles an mir erneuert sich.
Ich bin glücklich und froh.

Meine positiven Gedanken heilen mich.
Ich liebe mich.
Ich fühle mich geliebt, und ich liebe.
Alles in mir ist glücklich.
Ich bin in der Liebe Gottes.

Ich kann immer, wenn ich will,
meine Selbstheilungskräfte aktivieren.
Sie helfen mir,
gesund und glücklich zu sein.
Sie schenken mir Freude und Liebe.
Sie nähren meinen Körper und meinen Geist.
Sie lösen mich von falschen Vorstellungen
und bringen mich näher in mein neues Bewußtsein:
Es fällt mir immer leichter,
wenig zu essen.
Es fällt mir immer leichter,
bewußt zu essen.
Es fällt mir immer leichter,
mich gesund zu ernähren.
Es fällt mir immer leichter,
Gymnastik und Yoga zu betreiben.
Es fällt mir immer leichter,
mein neues Körperbewußtsein zu entwickeln.

Mir geht es gut,
ich öffne meine Augen.

Meditation »Ich wünsche mir ein neues Eßbewußtsein«

Ich fühle mich entspannt
und schließe meine Augen.

Ich habe einen großen Wunsch:
Ich wünsche mir ein neues Eßbewußtsein!
Mein neues Eßbewußtsein
hilft mir, ohne Streß und Hast zu essen,
keine Begierden und Süchte zuzulassen,
sondern aus meiner Intuition heraus
ruhig und gelassen
zu essen.

Wenn ich esse,
dann konzentriere ich mich nur auf mein Essen.
Wenn ich esse,
ernähre ich mich gesund.
Wenn ich esse,
dann nehme ich nur kleine Bissen
und kaue diese ganz sorgfältig.
Wenn ich esse,
genügt mir eine kleine Portion.
Wenn ich esse,
habe ich das Gefühl, daß ich abnehme.
Wenn ich esse,
danke ich Gott für mein Essen.

Daher esse ich keine unreinen Speisen,
kein Fleisch gequälter Tiere,
das voll ist mit giftigen chemischen Rückständen.
Ich esse viel Salat, Obst, Gemüse
und Speisen aus vollem Korn.
Das reinigt meinen Körper.
Das macht mich schlank, leicht, aktiv und gesund!

Wenn ich morgen esse,
dann denke ich an meine Vorsätze.
Es fällt mir leicht,
mein neues Eßbewußtsein zu verwirklichen.
Jeder Tag ist ein schöner Tag,
an dem ich bewußt esse.
Jeder Tag aber ist ein verlorener Tag,
an dem ich gierig und hastig mein Essen verschlinge.
Bewußt und gesund essen bringt mich näher an mein Ziel,
ein schlanker Mensch zu sein!
Gierig und hastig essen entfernt mich von diesem Ziel!

Wenn ich meine Eßgewohnheiten umstelle,
dann bin ich mein ganzes Leben schlank
und habe nie wieder Gewichtsprobleme!

Ich höre dieses Tonband gerne
und möchte es jeden Abend
vor dem Einschlafen anhören,
so lange, bis ich bewußt esse.

Es geht mir gut,
ich öffne meine Augen.

Meditation »Ich verbessere meine positive Ausstrahlung«

Ich fühle mich entspannt
und schließe meine Augen.

Ich weiß, ich bin ein glücklicher Mensch.
Ich weiß, es gibt in meinem Leben nichts,
das mich unglücklich machen kann,
das mir Sorgen bereiten könnte.
In meinem Leben herrscht nur Glück.
Ich lasse nur Glück zu.
Dieses Glück strahlt aus mir.
Ich lasse es gerne aus mir erstrahlen.

Besonders glücklich machen mich die anderen
Menschen.
Ich spüre, daß ich die anderen anziehe.
Ich fühle zu allen anderen Menschen Liebe.
Ich bin gerne mit anderen zusammen.
Und ich bin in ihrer Nähe glücklich.
Ich weiß, daß auch die anderen mich lieben.
Ich weiß, die anderen lieben mich mehr, als ich
glaube.
Ich weiß, die anderen akzeptieren mich so, wie ich
bin,
die anderen akzeptieren mein Aussehen,
meine Art, mich zu geben und zu reden.
Auch ich akzeptiere die anderen.
Ich helfe gerne, und
mir wird geholfen.

Wenn ich liebe,
dann beginnt in mir alles zu wachsen und zu
gedeihen.

Ich weiß:
Wenn ich liebe, dann gehe ich den richtigen Weg.
Wenn ich liebe, bin ich gesund.
Wenn ich Liebe ausstrahle,
dann kommt Liebe zurück.

Liebe ist die größte Kraft in meinem Leben.
Liebe ist der größte Schatz in mir selbst.
In meiner Liebe fühle ich mich geborgen,
in meiner Liebe gibt es keine Not.

Wenn ich liebe,
dann lasse ich los von meinen Problemen,
wenn ich liebe,
dann fühle ich mich nicht mehr dick.
Wenn ich liebe,
dann gehört die ganze Welt mir.
Meine Liebe gehört allen Lebewesen.

Ich wünsche mir nicht ein Super-Menü,
ich wünsche mir Liebe.
Ich wünsche mir auch keine schöne Kleidung,
ich wünsche mir Liebe.
Ich wünsche mir keine Freunde, die mich bewundern,
sondern ich wünsche mir nur Liebe.

Liebe ist mein Lebenselixier.
Die Liebe gibt mir die Kraft,
daß ich meine Probleme bewältige,
daß ich meine Ängste löse,
daß ich loslasse vom Essen und Trinken.
Immer möchte ich in diesen Worten verweilen,
heute, morgen und in aller Zukunft.

Ich öffne meine Augen.

Meditation »Ich lerne richtig essen«

Ich fühle mich entspannt und wohlauf,
ich schließe meine Augen und
fühle die lichte Kraft meiner Intuition in mir
erwachen.

Mein großer Wunsch ist es,
richtig essen zu lernen.
Bisher habe ich falsch gegessen:
Ich bin dick geworden und habe ungesund gelebt.
Heute möchte ich aber etwas für mich selbst tun:
Ich möchte lernen, richtig zu essen,
Ich möchte lernen, das richtige Essen auszuwählen,
ich möchte lernen, das zu essen, was mich schlank
und gesund macht!

Ich überesse mich nicht mehr.
Es genügen mir kleine Portionen,
daß der Körper satt wird.
Wenn der Körper genügend Nahrung bekommen hat,
dann höre ich zu essen auf.
Dann bin ich stark genug
und sage mir ganz deutlich:
Nein, nicht mehr!
Ich, ... (Vorname), weiß, daß mir das gelingt!

Meine Nahrung soll in Zukunft gesund sein,
was ich bisher gegessen habe,
tausche ich meinem Körper zuliebe in gesunde
Nahrung um.
Wenn ich einkaufe,
richte ich meine Augen auf gesunde Nahrungsmittel,
ich weiß, daß ich mich bald an diese gewöhnen kann.

Das wird mir nicht schwerfallen.
So viele Menschen leben schon bewußt und ernähren
sich durch Vollwertkost,
warum sollte nicht auch ich (wir) umsteigen?
Ich weiß, daß mich Vollwertkost
jung und schön macht!
Auch das sind Gründe, die dafür sprechen.
Ich beginne gleich morgen mit Vollwertkost.
Ich weiß, ich halte durch!

Wenn ich dann vor meinem Essen sitze,
dann betrachte ich mein Essen
und freue mich darüber.
Ich danke Gott für die gute Speise
und danke der Erde, daß sie die Speise
hervorgebracht hat.
Ich rieche die Speise
und lasse den Duft durch meine Nase gleiten.
Dann schmecke ich sie
und lasse meine Zunge den Geschmack einsaugen.
Ich versuche nun,
den Geruch und den Geschmack geistig wahrzunehmen.
Jeden Bissen kaue ich sorgfältig
und genieße mein Essen in aller Ruhe.
Dabei möchte ich mich voll und ganz
auf das Essen konzentrieren,
nichts lenkt mich davon ab.
Wenn ich das Essen beendet habe,
dann fühle ich mich satt
und möchte einige Stunden gar nichts zu mir nehmen.
Ich weiß, daß mich das bewußte Essen,
ganz im Hier und Jetzt, glücklich macht.
Ich übe es drei Wochen,

dann habe ich diese neue Eßgewohnheit in mich
aufgenommen.
Ich möchte nur noch bewußt essen,
meine alten Eßgewohnheiten
vergesse ich ganz,
das ist Vergangenheit.
Jetzt beginnt das neue Leben,
bewußt, aufmerksam und selbstbeherrscht!

Es geht mir gut,
ich öffne meine Augen!

Meditation »Ich nehme ab«

Ich fühle mich entspannt und wohlauf.
Ich schließe meine Augen und
gebe mich meiner inneren göttlichen Kraft hin.

Ich weiß, daß es mir von Tag zu Tag leichterfällt,
mein Idealgewicht zu erreichen (oder mein Gewicht
zu halten).
Es fällt mir nicht mehr schwer,
das ist Vergangenheit.
Jetzt beginne ich neu,
und ich weiß,
daß ich in Kürze bereits
meine Idealfigur erreiche.

Ich sehe mich nun,
wie ich in ... (hier deinen Terminwunsch
eintragen) aussehen werde:
Ich habe dann ... kg abgenommen,
ich bin wieder so schlank
wie vor ... Jahren.

Ich freue mich über dieses Bild,
ich freue mich, wenn ich mich schlank sehe.
Ich möchte mich immer schlank sehen,
gleichgültig, wie ich jetzt bin.

Wenn ich mich schlank sehe,
dann bewege ich mich, als ob ich schlank wäre,
dann gehe ich, als ob ich schlank wäre,
dann turne ich, als ob ich schlank wäre,
dann mache ich mein Fitneß-Programm und meine Gymnastik
als Schlanke/Schlanker.

Ich fühle mich in Zukunft immer als
Schlanke/Schlanker,
das macht mich jung und schön.

Wenn ich an das Essen denke,
so verspüre ich keinen Hunger.
Ich esse von Tag zu Tag weniger.
Essen ist nicht mein Lebensinhalt.
Essen ist für mich eine Notwendigkeit.
Essen ist für mich kein Zeitvertreib,
meine Zeit vertreibe ich mir mit
interessanten Dingen.
Ich, ... (dein Vorname), weiß, daß mich das Essen
bald nicht mehr interessiert.
Ich möchte nicht zu der Menschengruppe gehören,
die lebt, um zu essen.
Ich möchte essen, um zu leben.
Ich fühle mich sehr wohl, glücklich und zufrieden,
wenn ich das denke.

Kleine Mahlzeiten genügen mir,
ich möchte nur satt werden,
aber nicht zunehmen.

Ich möchte auch nicht mehr
für zwei Personen essen,
wo es so viele hungernde Menschen
auf der Welt gibt!

Auch nehme ich mir fest vor,
meine Eßgewohnheiten zu ändern.
Ich esse von heute ab nur noch
langsam, bewußt und kaue jeden Bissen gründlich!
Das macht mich gesund und schlank!
Und warum soll gerade ich das nicht zustande bringen,

wo doch fast alle Menschen so essen?
Natürlich gelingt es mir,
ich bemühe mich so lange, bis ich es beherrsche.

Ich spüre eine große Freude in mir wach werden.
Ich weiß nun genau,
daß sich in meinem Leben etwas Entscheidendes tut.
Mit meinen Eßgewohnheiten
wird sich mein ganzes Wesen ändern:
Ich bin bald ein wirklich zufriedener und
glücklicher Mensch.
Mein Körper wird schlank und gesund!

Ich weiß nun ganz genau:
Mein Denken muß sich ändern,
wenn ich abnehmen will.
Ich muß meine Einstellung zum Essen ändern,
dann bin ich bald von selbst schlank.
Wenn ich die Einstellung eines Schlanken habe,
dann esse ich weniger und
bin auch bald schlank.
Ich weiß genau, daß ich das schaffe.

Ich lasse von Tag zu Tag
immer mehr los von dem Gedanken »Essen«,
essen macht mir keinen richtigen Spaß,
essen interessiert mich nicht mehr.
Das denke ich mir jeden Tag ganz bewußt,
dann bin ich meinem Ziel schon näher.
Ich mache mir auch einen Plan über meine MENTAL-DIÄT.
Alle Übungen führe ich dabei regelmäßig durch,
ich nehme mir genügend Zeit dafür!

Es geht mir gut,
ich öffne meine Augen.

Meditation »Ich komme näher ins innere Licht«

Ich bin ruhig und entspannt,
ich schließe meine Augen.

Ich weiß, es gibt in mir eine unendliche Kraft,
die ich immer nützen kann,
die immer da ist und
die mir immer hilft.

Diese Kraft ist meine Intuition.
Sie wohnt ganz tief in mir,
sie führt mich und lenkt mich.
Dieser Kraft komme ich näher und näher.
Diese Kraft ist ein Teil von mir selbst.
Sie ist meine große innere Intelligenz.
Ich lasse mich von dieser Kraft führen.
Sie weiß genau, was für mich gut ist.

Wenn ich in der Früh aufstehe,
dann denke ich an meine göttliche Kraft in mir.
Wenn ich esse und trinke,
dann fühle ich mich geborgen in meiner
göttlichen Intuition.
Wenn ich arbeite, wenn ich lese oder schreibe,
führt mich meine göttliche Intelligenz.
Auch beim Einkaufen,
beim Schreiben des Speiseplans
oder wenn Besuch zum Essen kommt,
immer höre ich auf meine Intuition.
Hier bin ich zu Hause,
in mir selbst.

Ich fühle mich wohl und bin glücklich.
Ich öffne meine Augen.

Bewegungsyoga und Gymnastik

Unser Körper benötigt Bewegung. Diese können wir ihm durch Sport, Gymnastik oder Bewegungsyoga geben. Jede Form von Bewegung wirkt heilend auf Körper und Geist. Im *Bewegungsyoga* haben wir verschiedene Übungen zusammengestellt, die die Energien in unserem Körper harmonisieren. Durch einfache Bewegungen werden dabei ganz bestimmte Körperenergien aktiviert, wodurch Krankheiten vermieden werden. Unser Denken und Handeln wird durch Bewegungsyoga klarer, unsere intuitive Wahrnehmung wird geschärft. Beim Abnehmen und bei der Gewichtskontrolle hilft uns Bewegungsyoga in mehrfacher Weise: Die *Verdauung*, die *Ausscheidung* und der *Fettabbau* werden durch den harmonisierten Energiefluß verbessert. Yoga wirkt auch positiv auf die Atmungsorgane, das Gehirn, den Rücken sowie die Bauch- und Beckengegend. Die natürlichen Heilkräfte des Körpers werden aktiviert und beschleunigen die Gesundung. Der *ruhige Atemfluß* hilft Begierden und Eßsüchte abzubauen beziehungsweise ihnen vorzubeugen, die Bewegung hält unseren Körper in Schwung und fördert den *Kalorienverbrauch* (beinahe so hoch wie bei der Gymnastik); Bewegungsyoga wirkt *entspannend* und sollte daher auch gegen Streß eingesetzt werden. Bewegungsyoga ist somit eine ausgezeichnete Methode, um die Gewichtsabnahme zu forcieren und den Alltag bewußter zu gestalten. Eine Viertelstunde täglich sollten wir uns für Bewegungsyoga Zeit nehmen, um jünger, schlanker und schöner auszusehen. Besonders wenn man dick geworden ist, sollte man sich bemühen, mit Hilfe von Bewegungsyoga neue Kraft zu tanken! Wenn du deinen Körper über lange Zeit durch ungesunde Ernährung geschädigt hast, solltest du ihn jetzt besonders liebevoll behandeln. Wenn dein Körper an

Elastizität und Jugendlichkeit verloren hat, durch zu viele Giftstoffe krank, schwer und ungelenk geworden ist, ist es höchste Zeit, dagegen anzugehen.
Die nachfolgenden Übungen sollten mit leerem Magen durchgeführt werden (etwa 1 ½ Stunden nach einem Vollwertessen und 3 Stunden nach Fleischgenuß). Bemühe dich dabei, durch die Nase zu atmen, gleichgültig, ob du den Mund geschlossen oder offen hast. Diese Atmung solltest du dir immer angewöhnen. Bleibe bei den Übungen entspannt, ruhe dich zwischendurch aus, wenn du noch nie Bewegungsyoga gemacht hast. Im folgenden sind einige wichtige Yogaübungen für Anfänger beschrieben. Weitere Hinweise über wertvolle Yogabücher findest du im Literaturverzeichnis S. 136f. Als Anfänger wird dir das Buch *Praktischer Yoga* von der erfahrenen Yogalehrerin Susanne Rieth besonders empfohlen. Es enthält viele interessante Anregungen und jede Menge Übungsbeispiele, die dir bei deinem Schlankheitsprogramm behilflich sein können.

Bauchlagen-Asana 1
(das Wort »Asana« kommt aus dem Sanskrit und bedeutet Übung)

Lege dich auf den Bauch. Halte deine Beine etwas gespreizt. Lege dein Kinn auf deine Hände, die Handflächen berühren den Boden. Drehe nun das Becken zuerst nach rechts, dann den Kopf nach rechts, dabei liegt das linke Ohr auf der Handfläche. Dreh dich dann langsam zurück, und mache diese Übung auf der linken Seite.

Bauchlagen-Asana 2
Nimm wieder die Bauchlage ein, das Kinn auf deinen Handoberflächen. Winkle deine Beine ab. Drehe das Becken nach rechts, aber ganz langssam. Versuche diese Übung sehr bewußt durchzuführen. Du kannst dabei deine Körperenergieströme wahrnehmen. Drehe nun den Kopf nach links, so daß dein rechtes Ohr auf deinen Händen zu liegen kommt. Dann gehe wieder langsam in die Ausgangsposition zurück: Zuerst mit den Beinen, dann mit dem Kopf. Wiederhole nun diese Übung auf der anderen Seite.

Wirbelsäulen-Asana 1
Lege dich auf den Rücken, und winkle die Beine ab.
Deine Füße stehen dabei auf dem Boden. Versuche dich nun mit Schwung aufzusetzen. Dabei strecke deine Arme nach vorne.

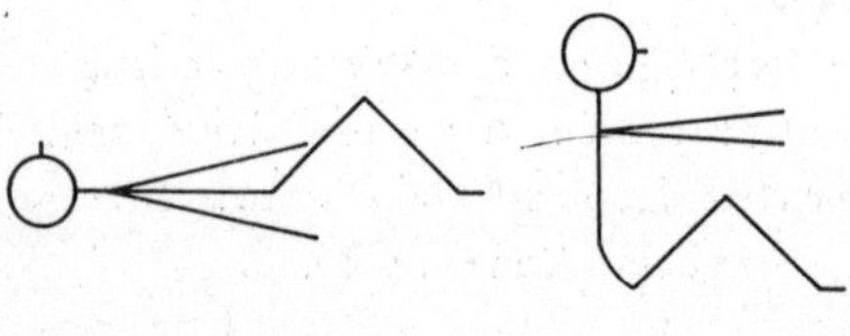

Wirbelsäulen-Asana 2
Nimm die Rückenlage ein. Strecke Arme und Beine von dir. Hebe dann das linke Bein gestreckt nach oben, und bewege es in

die Richtung des rechten Arms. Führe diese Übung ganz langsam aus. Mach eine kurze Pause, und übe mit dem rechten Bein.

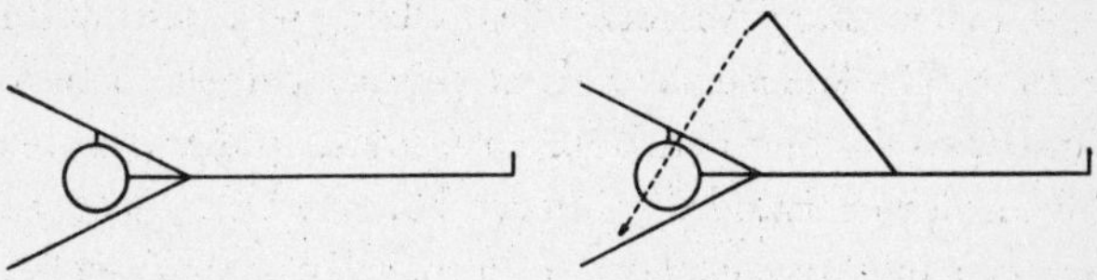

Wirbel-Asana 1

Nimm die Bauchlage ein, dabei strecke die Arme zu beiden Seiten aus. Die Beine liegen nebeneinander auf dem Boden. Hebe nun beide Arme seitlich so weit wie möglich empor, und drücke dabei die Handflächen nach oben. Halte den Atem an. Beim Ausatmen senke deine Arme.

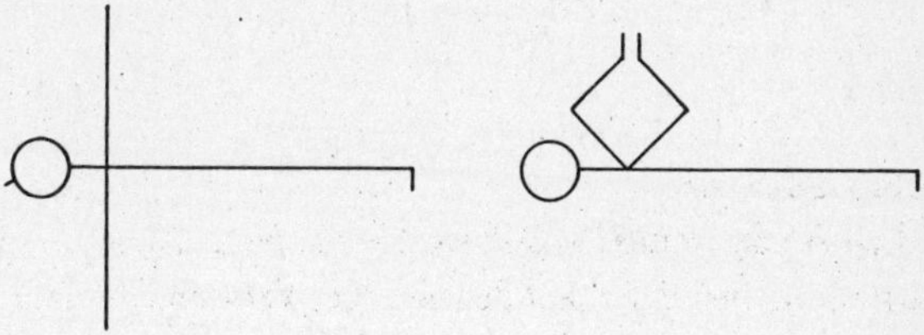

Wirbel-Asana 2

Nimm die Bauchlage ein, und strecke dich lang aus. Atme nun tief ein, und hebe dabei Arme und Beine, beide aneinanderliegend, gleichzeitig hoch. Halte deinen Atem an. Wenn du ausatmest, senke deine Arme und Beine.

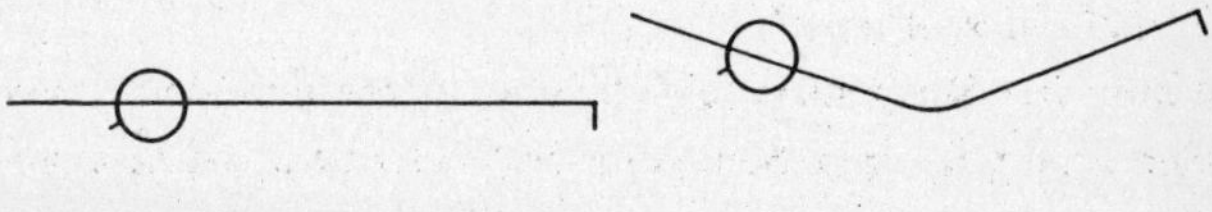

Wirbel-Asana 3
Knie dich auf den Boden, und mache einen richtigen Katzenbukkel. Lege dabei deine Arme angewinkelt auf den Boden. Der Kopf hängt entspannt nach unten. Laß deinen Katzenbuckel nun in einen Pferderücken übergehen: Strecke dein Kreuz durch, und hebe deinen Kopf hoch.

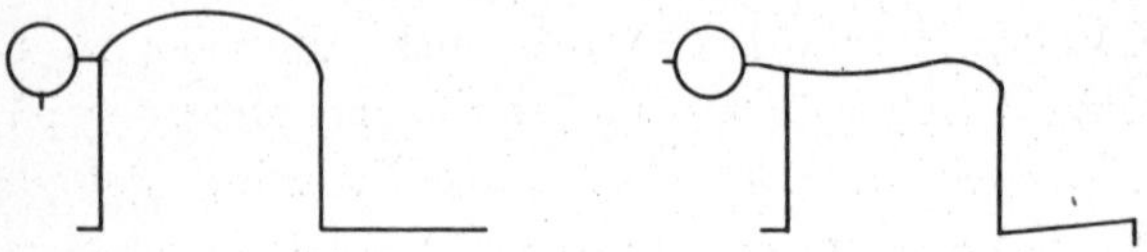

Augen-Asana
Lege beide Hände auf deine Augen. Laß die Wärme deiner Hände eindringen. Gleite dann mit deinen Händen etwas nach unten, bis nur noch deine Fingerspitzen die Augenlider berühren. Drücke mit diesen ganz leicht auf deine Augen, und stell dir vor, daß du nun alle deine Probleme wegstreichst. Öffne deine Augen.

Lösung von Schulterverspannungen 1
Setz dich mit geschlossenen Augen auf einen Stuhl, leg deine Hände locker in den Schoß. Dreh deinen Kopf zuerst nach rechts, dann langsam nach links. Wenn du wieder in die Ausgangsposition zurückgekehrt bist, beuge deinen Kopf nach vorne und dann langsam zurück. Führe diese Übung das erste Mal einmal durch, dann drei- bis viermal.

Lösung von Schulterverspannungen 2
Setz dich auf einen Stuhl, und schließe deine Augen. Verschränke nun deine Hände am Hinterkopf, und beuge deinen Oberkörper nach rechts, dann langsam nach links. Versuch bei diesen Bewegungen alle störenden Gedanken auszuschalten.

Wenn du wieder in deine Ausgangsposition zurückgekehrt bist, dann beuge deinen Oberkörper nach vorne, und geh wieder in die Ausgangslage zurück.
Wenn du die Asanas ganz bewußt durchführst, kannst du lernen, deine Körperenergien zu steuern. Jede bewußte Bewegung, die du durchführst, bringt dich deiner Intuition näher!

Neben deinen Asanas solltest du auch regelmäßig Gymnastik betreiben; auch dies kommt deinem Körper und deinem Aussehen zugute. Denk dir selbst einige *Gymnastikübungen* aus; vielleicht kannst du auch auf welche von früher zurückgreifen. Im folgenden sind zwei Übungen beschrieben, die besonders gegen verschiedene Fettpolster helfen.

Bauchmuskel-Training
Um deinen »Bauchspeck« wegzubekommen, solltest du diese Übung zweimal täglich durchführen. Zich deinen Bauch einige Minuten mehrmals nacheinander ein, und versuche dabei alle Muskeln anzuspannen. In wenigen Tagen kannst du mit dieser Übung die Spannkraft deiner Bauchmuskulatur erhöhen. Diese Übung kannst du übrigens auch bei der Arbeit durchführen!

Über die Springschnur hüpfen
Dies ist eine einfache Übung, schnell durchführbar und sehr wirksam. Beginne mit 10- bis 20mal und erhöhe die Zahl deiner Sprünge täglich um etwa 10. Diese Übung fördert nicht nur deine Gewichtsabnahme, sondern auch deine Gesundheit.

Wenn du dich nur schwer zum Üben überwinden kannst, solltest du dir einige positive *Suggestionen* dazu auf ein Endlos-Tonband sprechen, die deine Vorurteile gegenüber Yoga und Gymnastik abbauen helfen und dich motivieren. Dieses Tonband kannst du auch neben deiner Arbeit oder in der Nacht

anhören. Auch wenn es nur leise läuft, dringen die Worte in dein Unterbewußtsein und beeinflussen dich positiv. Einige Anregungen dazu:
»Ich, . . . , weiß, daß mir Bewegungsyoga und Gymnastik sehr helfen. Körperliche Bewegung macht mich gesund und schlank!«
»Ich, . . . , nehme mir jeden Tag eine Viertelstunde Zeit, um meine Asanas und meine Gymnastikübungen auszuführen. Ich weiß, daß ich das schaffe!«
»Meine innere Freude an der Bewegung wächst von Tag zu Tag!«
»Körperliche Bewegung erfüllt mich mit großer Freude!«
»Nach allen sportlichen Aktivitäten fühle ich mich wie neu geboren!«
»Bewegungsyoga und Gymnastik halten mich kraftvoll, jung und frisch!«
Jede Art von Bewegung bzw. Sport hilft dir, gesünder und schlanker zu werden. Unternimm einmal eine Wanderung, einen Spaziergang, oder geh schwimmen! Wenn du Hemmungen oder innere Ängste hast, Sport zu betreiben, solltest du dich davon freimachen. Folgende *Affirmationen* helfen dir z. B., deine Schüchternheit beim Schwimmen zu überwinden:
»Schwimmen ist gesund für mich!«
»Schwimmen macht mich schlank!«
»Gleichgültig, wie alt ich bin, ich gehe trotzdem schwimmen. Es ist mir ganz gleichgültig, was die anderen Leute von mir denken. Ich mache das, was mich gesund und schlank macht!«
»Auch andere Übergewichtige gehen schwimmen. Heute ist es nicht mehr so wie früher. Heute lacht niemand über den anderen. Ich weiß, alle mögen mich!«
»Ich schäme mich nicht wegen meiner Figur. Es ist nur die Mode, die den Schlanken Vorrang gibt. Ich weiß, daß mich noch viele Menschen hübsch finden!«

Grundsätze bewußter und gesunder Ernährung

Vegetarisch essen macht schlank

Immer mehr Menschen steigen auf vegetarische Ernährung um. Dies ergaben Umfragen über vegetarische Lebensweise in der BRD. Wie wichtig es für die Gesundheit und für eine bewußte Lebensweise ist, vegetarisch zu essen, zeigen die Ergebnisse verschiedener Untersuchungen. Während der Ernährungsbericht 1988 Steigerungsraten bei Dickdarmkrebs und Brustkrebs verzeichnet, deren Ursache vor allem auf Vitaminmängel (vor allem Vitamin B2 und Vitamin B6, die mit Vollwertnahrung in ausreichendem Ausmaß aufgenommen werden) zurückzuführen ist, zeigen die *Studien mit Vegetariern 1987* (hrsg. v. Deutschen Vegetarier-Bund), daß Vegetarier an diesen Krankheiten im Verhältnis zu Nicht-Vegetariern weniger häufig erkranken. Auch bei anderen Krankheitsbildern schneiden Vegetarier besser ab. Vegetarier ist dabei als Lactovegetarier definiert. Das bedeutet, daß auch Milchprodukte »erlaubt« sind, eben alles außer Fleisch und Fisch. Um einer übertriebenen Zufuhr an Eiweißstoffen, wie sie mit der heutigen herkömmlichen Ernährungsweise verbunden ist, entgegenzuwirken, ist es allerdings empfehlenswert, die Ernährung mit Milchprodukten zu minimieren und vor allem die Schlankmacher Obst, Gemüse und Vollkornprodukte zuzuführen. Die Ernährung sollte sich vor allem aus vollwertigen und schmackhaften Lebensmitteln aus ökologischem Anbau ohne Kunstdünger, Insektizide oder Pestizide zusammensetzen. Daß vegetarische Diät schlank macht, wurde bereits zu Anfang ausführlich beschrieben. Da der lange Darm des Menschen – im Gegensatz zum kurzen Darm der fleischfressenden Raubtiere – auf pflanzliche Ernährung ausgerichtet ist und nicht auf Fleisch, verdaut der Darm vegetarische Kost besser und schneller. Es entstehen keine Bakterienherde, die zu ernsten Erkrankungen (z. B. zu Darmkrebs) führen können. Eine breit angelegte Studie in Berlin (zitiert in *Altern ist keine Krankheit* von Daimler und Glaeske) ergab auch, daß Menschen, die kein Fleisch essen, wesentlich häufiger ihr ideales Gewicht halten als »Normalernährer« und wesentlich seltener an Bluthochdruck, koronaren Herzkrankheiten und Krankheiten des Verdauungstraktes leiden. Auch die Sterblichkeitsrate bei Krebs ist um die Hälfte bis zu zwei Dritteln geringer. Daher lohnt es sich, aufgrund dieser Befunde die Ernährungsgewohnheiten zu überdenken und den Fleischkonsum einzuschränken. Zuviel tierisches Eiweiß kann überdies zu Gicht führen. Wenn du dich für eine *vegetarische Ernährung* entscheidest, solltest du folgendes beachten:

Bei der Umstellung des Darmes auf Vollwertnahrung kann es besonders bei älteren Personen in den ersten Wochen zu *Blähungen* kommen. In diesem Fall solltest du auch Zucker, gekochtes Obst und Säfte von Obst und Gemüse meiden.

Während der ersten Wochen oder sogar Monate, nachdem du dich auf vegetarische Vollwertkost umgestellt hast, kann es auch vorkommen, daß du dich *schwach* fühlst, daß du dich vielleicht sogar schwächer fühlst als sonst. Dies bedeutet aber nicht, daß dein Körper eben doch noch Fleisch braucht, das zu Unrecht vielfach als Mittel, um stark und kräftig zu sein, angesehen wird, sondern es liegt vielmehr daran, daß mit der vegetarischen Ernährung zugleich ein Reinigungsprozeß im ganzen Körper einsetzt. In den Organen, in den Gelenken deines Körpers usw.

haben sich oft regelrechte Giftdepots gebildet, die nun abgebaut und ausgeschieden werden. Dieser Reinigungsprozeß ist begreiflicherweise oft mit dem Gefühl der Schwäche, mit Kopfschmerzen usw. verbunden, dem besonders Menschen, die über lange Zeit viel Fleisch zu sich genommen haben, unterworfen sind. Doch nach einiger Zeit wirst du dich um so besser, kräftiger und frischer fühlen. Meist verschwinden nach einem längeren Zeitraum vegetarischer Ernährung auch Unpäßlichkeiten und Krankheiten, unter denen man vorher gelitten hat. Steh also die erste, möglicherweise schwierige, Zeit durch, du wirst es dann um so leichter haben. Gegen anfängliches Schwächegefühl helfen übrigens Stärkungsmittel, die die Natur uns liefert: Nüsse, Müsli aus frisch gemahlenem Getreide u. v. a. Ein hervorragendes natürliches Stärkungsmittel ist auch Bierhefe, die man in Reformhäusern in Pulver- oder Flockenform bekommt und die man einfach täglich ins Yoghurt, Müsli, in den Salat oder in Fruchtsäfte mischt.
Beschäftige dich ein wenig mit Vollwertnahrung. Jeder sollte über die wichtigsten Ernährungsgrundsätze Bescheid wissen. Unter den Literaturangaben am Ende dieses Buches (siehe S. 136f.) findest du einige interessante Hinweise dazu. Es werden auch von verschiedenen Organisationen, z. B. Volkshochschulen, Seminare über Vollwertkost angeboten. Es zahlt sich wirklich aus, ein solches Seminar zu besuchen!
Kaufe die Nahrungsmittel in einem wirklich guten *Ökoladen*, direkt beim Bauern oder in einem Geschäft, mit dem du gute Erfahrungen gemacht hast. Geh nie mit leerem Magen einkaufen, das führt zu Impulskäufen.
Verwende beim Kochen Kräutersalz, und würze mit vielen *frischen Kräutern*: Kresse, Thymian, Borretsch und Schnittlauch. Diese enthalten viele Vitamine und Mineralstoffe, die auch deiner Verdauung und deinem Kreislauf zugute kommen.
Nimm mit einem Müsli zum Frühstück genügend *Proteine* zu

dir. Das volle Getreidekorn (z. B. Hirse, Hafer, Weizen, Roggen, Gerste, Dinkel, Grünkern) enthält Eiweiß, Vitamine und Mineralien. Wer Vollkornprodukte, möglichst frisch gemahlenes oder gekeimtes Getreide und Nüsse (eiweißreich), regelmäßig zu sich nimmt, kann auch ganz ohne tierische Produkte gesund leben. Diese Ernährungsweise heißt Makrobiotik (vgl. Literaturhinweise am Ende des Buches S. 136f.). Wenn du Milchprodukte in deine Ernährung einbeziehst, iß vor allem Yoghurt, Topfen und Leichtkäse (Cottage-Cheese).
Zum Süßen eignet sich *Honig*, verwende aber auch davon nicht zuviel!
Vermeide *Kaffee*. Wenn du aber auf Kaffee nicht verzichten kannst, so trinke ihn schwarz. Kaffee mit Milch macht dick.

Um dir das Umsteigen auf bewußte vegetarische Ernährung zu erleichtern, werden im folgenden zusätzlich Gründe für vegetarische Ernährung angeführt:
– Ein halbes Kilo Fleisch entspricht der *pflanzlichen Energie*, die täglich 40 Kinder der Dritten Welt vor dem Hungertod retten könnte; die Erzeugung von einem halben Kilo Rindfleisch erfordert 8 Kilo Getreide, 7 Kilo gehen verloren für die Energie, die das Tier benötigt; auf dem Umweg über Fleisch nehmen wir nur 10 Prozent der Energie auf, die uns durch die Pflanzen verfügbar wäre;
– Milliarden Tiere werden in widernatürlicher *Massentierhaltung* gezüchtet. Die schlechten Lebensbedingungen in diesen Massentierhaltungen erfordern den starken Einsatz von Medikamenten, die wir dann mit dem Fleisch aufnehmen und die sich schädlich auf unsere Gesundheit auswirken; durch die Massentierhaltung fallen riesige Mengen an Gülle an, die mit Pharmakaresten verseucht sind: Waldsterben und saurer Regen sind auch auf die Verdunstung der amoniakhaltigen Gülle zurückzuführen; auch die Rodung des brasilianischen Regenwaldes, um

Weideflächen zu schaffen, was zur Versteppung ganzer Gebiete führt, ist eine Folge der Massentierhaltung;
– häufig wird zuviel Fleisch produziert; diese *Überproduktion* wird dann aus den Steuergeldern subventioniert; dabei handelt es sich jährlich um Beträge von etwa 5,5 Mrd. DM im EG-Raum;
– die Hälfte des in Europa produzierten Rindfleisches wird *in die Dritte Welt exportiert* und zu niedrigen Preisen verkauft; wirtschaftliche Schwächen in den Entwicklungsländern sind die Folge;
– der hohe Fleischkonsum ist die Ursache vieler *Zivilisationskrankheiten* wie Diabetes, Gicht, Fettleber, Rheuma, Stoffwechselstörungen, Herz- und Kreislauferkrankungen, zunehmend auch Krebs, denn tierisches Eiweiß ist ungesund; die ansonsten unheilbare Krankheit Epidermitis läßt sich nur duch Vegetarismus besiegen;
– viele *bedeutende Menschen* waren oder sind Vegetarier, z. B.: Albert Einstein, Wilhelm Busch, Leo Tolstoi, Bertha von Suttner, Gandhi, Thoreau, Leonardo da Vinci, Seneca, Christian Morgenstern, Plutarch, Hesiod, Clemens von Alexandrien, Johannes Ude, Voltaire, Doris Day, Thomas Edison, Greta Garbo, Nina Hagen, Hermann Hesse, Paul Klee, Paul McCartney, Yehudi Menuhin, R. M. Rilke, Barbara Rütting, Rabindranath Tagore, Tina Turner u. v. a.

Um dem Anfänger das vegetarische Kochen zu erleichtern, haben wir für dich einige einfache, aber sehr schmackhafte *Rezepte* ausgesucht.

Würzige Tomatensauce mit Vollkornnudeln

2 Zwiebeln
2 Knoblauchzehen
4 EL Öl
6 EL Tomatenmark
10 Tomaten
2 Lorbeerblätter
1 TL Oregano
1 Streifen Zitronenschale
Kräutersalz
Pfeffer
1–2 EL Sojasauce

Zubereitung: Zwiebeln fein hacken und mit dem zerdrückten Knoblauch in Öl leicht dünsten. Tomatenmark und die gehäuteten Tomaten sowie alle anderen Zutaten zugeben. ¼ bis ½ Stunde leicht kochen lassen. Lorbeerblätter und Zitronenschale herausnehmen. Eventuell durchseihen. Sauce über Vollkornnudeln gießen und mit Parmesan anrichten.

Tofu Stroganoff

Tofu
Sojascauce
1 Zwiebel
Champignons
Essiggurken
Diät-Margarine
Kräutersalz
Pfeffer
Paprikapulver
Senf
Mehl
Yoghurt

Zubereitung: Tofu würfelig schneiden, anbraten, mit Sojasauce löschen und etwas schmoren lassen. Die feingeschnittene Zwiebel, blättrig geschnittene Champignons und in Streifen geschnittene Essiggurken in Diät-Margarine dünsten, mit Kräutersalz, Pfeffer, Paprikapulver und Senf würzen, mit Mehl bestäuben und aufgießen. Tofu dazugeben und mit Yoghurt abschmecken. Dazu Gemüse nach Wahl servieren.

Jugoslawisches Kürbisgemüse

1 kg Kürbis
4 Tomaten
60 g Diät-Margarine
2 EL Mehl
⅛ l Gemüsebrühe
3 EL Yoghurt

Pfeffer
Kräutersalz
Curry
Knoblauch
etwas Essig
Paprikapulver

Zubereitung: Den geschälten Kürbis in Streifen raspeln, das Mehl in der Margarine leicht anrösten, Gemüsebrühe zufügen und glattrühren, Kürbis zufügen und 10 Min. leicht kochen. Dann die in kleine Stücke geschnittenen Tomaten dazugeben, pikant würzen und noch einige Minuten schmoren lassen. Vor dem Servieren den Yoghurt darunterrühren. Mit Sesamkartoffeln oder Sojaflockenlaibchen anrichten.

Sojaflockenlaibchen

150 g Sojaflocken	¼ l heißes Wasser
3 EL Sojamehl	2 EL Sojasauce
1 Tasse feine Haferflocken	2 EL Öl
1 TL Basilikum	2 Zwiebeln
1 TL Majoran	2 Knoblauchzehen
½ TL Thymian	1 Karotte
1 TL Paprikapulver	2 Eier
Pfeffer	etwas Öl

Zubereitung: Sojaflocken, Sojamehl und Gewürze mischen. Heißes Wasser, Öl und Sojasauce darübergießen und die Mischung gut umrühren. Zwiebeln und Knoblauchzehen fein schneiden, Karotte fein raspeln. Gemüse und Eier zu der Sojamischung geben und gut verrühren. Mit nassen Händen Laibchen formen, in Bröseln wenden und im heißen Öl beidseitig goldbraun braten.

Sesamkartoffeln

Kartoffeln	Butter
1 EL Sesamsamen	Kräutersalz

Zubereitung: Gekochte Kartoffeln in ½ cm dicke Scheiben schneiden, den Sesamsamen in einer heißen trockenen Pfanne rösten, Butter zugeben, Kartoffelscheiben hinzufügen, wenden und mit Kräutersalz abschmecken.

Hirseauflauf auf Balkanart

2 Tassen Hirse	Füllung:	1 Zwiebel
4 Tassen Wasser		100 g Champignons
1 Gemüsesuppenwürfel		1 grüne Paprikaschote
1 Lorbeerblatt		1 rote Paprikaschote
1 kleine gehackte Zwiebel		2 Tomaten
Kräutersalz		Kräutersalz
1 EL Diät-Margarine		Paprika
50 g geriebener Käse		Basilikum
Butterflöckchen		Oregano

Zubereitung: Wasser, Suppenwürfel, Zwiebel, Lorbeerblatt aufkochen, die gewaschene Hirse einschütten, 5 Min. kochen und bei ausgeschalteter Herdplatte etwa 30 Min. nachquellen lassen. In eine mit Margarine eingefettete Auflaufform die Hälfte der Hirsemasse einfüllen. Das kleingeschnittene, gedünstete, gewürzte Gemüse auf die Masse geben. Mit restlicher Hirse abdekken, mit Käse und Butterflöckchen bestreuen, 25 Min. im Rohr überbacken.

Zucchinicremesuppe

4 kleine, in Scheiben geschnittene Zucchini

einige Knoblauchzehen	Bohnenkraut
1 große zerschnittene Zwiebel	Thymian
1 geschnittene Karotte	Kräutersalz
1 Gemüsesuppenwürfel	Yoghurt

Zubereitung: Zucchini, Zwiebel, Knoblauchzehen und Karotte in 1 l Wasser kochen. Am Ende der Garzeit Gemüsesuppenwürfel, Bohnenkraut, Thymian und Kräutersalz dazugeben. Im Mixer pürieren und mit Yoghurt verfeinern.

Neugeboren durch Fasten

Auch Fasten ist eine wirksame Methode, von falschen Eßgewohnheiten wegzukommen. Jeder, der einmal ein Fastenwochenende oder ein Fastenseminar mitgemacht hat, weiß selbst, daß es beim Fasten um mehr geht als nur um das Abnehmen. Fasten heißt auch, daß man aus sich selbst lebt, also von innen heraus lebt. Das bedeutet für deinen Körper, daß er sich aus seiner »Substanz« ernährt. Nicht nur wenn man Übergewicht hat, sollte man eine Fastenkur einlegen, auch für schlanke Menschen kann Fasten eine kurze Zeit der inneren Erneuerung sein. Manchmal hat man eben das Bedürfnis, allein zu sein, zu meditieren, »in die Wüste zu gehen«, wie es in der Bibel heißt. Körper und Geist brauchen Entspannung und Entschlackung. Ja, Fasten kann zu einer wirklichen Sinnfindung werden. Neben geistiger Erneuerung und Gewichtsabnahme hat eine Fastenkur noch einen weiteren Vorteil: Eine gründliche Darmreinigung fördert Gesundheit und Aktivität.

Wichtig ist dabei, daß Fasten etwas anderes als eine Abmagerungskur ist. Fasten sollte unabhängig von persönlichen Wünschen sein. Erst wenn du deine Einstellung zum Essen und zu deinem Körper geändert hast, hörst du auf, immer wieder Abmagerungskuren mit mehr oder weniger Erfolg durchzuführen. Erst wenn du deine grundsätzliche Einstellung zum Essen geändert hast, erst wenn du losgelassen hast von deinen falschen Eßgewohnheiten, also dich *innen* geändert hast und nicht äußerlich, dann nimmst du ab und bleibst schlank! Fasten ermöglicht die innere Umstellung auf eine neue Einstellung dem Essen gegenüber. Fasten kommt einer inneren Reinigung von Begierden und Eßsüchten gleich.

Fasten muß nicht unbedingt auf »Wasser und Brot« beschränkt

sein. Jeder kann sich sein individuelles Fastenprogramm erstellen. Für viele, die bisher Fleisch gegessen haben, kommt vegetarische Kost einem Fasten gleich. Wichtig ist, daß du weniger zu dir nimmst als bisher, daß du dabei deinen Körper entschlackst, daß du genügend Vitamine und Mineralstoffe zum Aufbauen hast und daß du dich nachher wohl fühlst. Übertreibe deine Fastenkur nicht, wenn du über 60 Jahre alt bist, da solltest du lieber mehr Bewegung machen. Auch stillende und schwangere Frauen sollten keine Fastenkuren einlegen. Ebenso sollte nicht übermäßig fasten, wer nervlich labil ist, wer einen anstrengenden Beruf ausübt oder krank ist. Übergewichtige sollten das Fasten nie übertreiben. Man sollte immer bestrebt sein, das Gewicht eher über eine längere Zeitspanne zu reduzieren, als eine Radikalkur durchzuführen. Diese schadet den Nerven, deiner Haut und manchmal auch der Gesundheit. Versuche daher das Fasten als eine innere Reinigung zu sehen, und lege regelmäßig einen Obsttag, Rohkosttag oder einen Sauerkrauttag ein. Wenn du nicht daran gewöhnt bist, solltest du längere Fastenkuren, die über 7 Tage dauern, vermeiden. Diese bringen dich nicht wirklich an dein Ziel. Später, wenn du schlank bist und schon einige Erfahrung im Fasten hast, kannst du ohne weiteres regelmäßig auch anstrengendere Fastenübungen absolvieren. Es werden von verschiedenen Institutionen Fastenseminare und auch Fastenwanderungen angeboten, aber alle Teilnehmer sollten Erfahrung im Fasten haben. Im Literaturverzeichnis am Ende des Buches (s. S. 136f.) findest du einige Büchertips zum Thema Fasten, Vollwertkost, gesunde und bewußte Ernährung.

Dein Mental-Diät-Programm

Um deine Übungen auch wirklich einzuhalten, mach dir einen Plan für die »äußeren« Erfordernisse:

Welche Gewichtsziele habe ich mir gesteckt?

Kurzfristig: ______________________________

Mittelfristig: ______________________________

Langfristig: ______________________________

Bitte klebe hier ein früheres Foto von dir hin, auf dem du noch schlank aussiehst:

Wo werde ich üben?

____

____

Zu welcher Tageszeit?

____

Wie werde ich Störungen ausschalten?

____

Übungsauswahl:
Schau dir nochmals das Kapitel »Schlanksein mit Hilfe des MENTAL-TRAININGS« S. 25 ff. an, dort findest du die wichtigsten Übungen, die du nun in dein MENTAL-TRAININGS-Programm eintragen solltest.

Folgende Übungen möchte ich in der ersten Woche durchführen:

1. Affirmationen:

2. Visualisierungen (notiere dir auch die Seiten, damit du die Übungen schnell wiederfindest):

3. Meditationen (notiere dir auch hier die Seiten, damit du die Übungen schnell wiederfindest):

4. Meine Asanas und Gymnastikübungen:

5. Was nehme ich mir zu den Themen Vollwertkost und Fasten vor?

Was nehme ich mir für die erste Woche noch vor?

Folgende Übungen habe ich ausgeführt (nach der ersten Woche auszufüllen):

Dabei habe ich folgende Erfolge erzielt:

Was werde ich nächste Woche besser machen?

Wie möchte ich meine Eßgewohnheiten weiter ändern?

Folgende Übungen möchte ich in der zweiten Woche durchführen:

1. Affirmationen:

2. Visualisierungen (notiere dir auch die Seiten, damit du die Übungen schnell wiederfindest):

3. Meditationen (notiere dir auch hier die Seiten, damit du die Übungen schnell wiederfindest):

4. Deine Asanas und Gymnastikübungen:

5. Was nehme ich mir für die zweite Woche zu den Themen Vollwertkost und Fasten vor?

Was nehme ich mir noch für die zweite Woche vor (z. B. Wandern, Spazierengehen, Schwimmen, Radfahren u. a.)?

Folgende Übungen habe ich durchgeführt (nach der zweiten Woche kurz anführen):

Dabei habe ich folgende Erfolge erzielt:

Was werde ich nächste Woche besser machen?

Wie möchte ich meine Eßgewohnheiten weiter ändern?

Folgende Übungen möchte ich in der dritten Woche durchführen:

1. Affirmationen:

2. Visualisierungen (notiere dir auch die Seiten, damit du die Übungen schnell wiederfindest):

3. Meditationen (notiere dir auch die Seiten, damit du die Übungen schnell wiederfindest):

4. Deine Asanas und Gymnastikübungen:

5. Was nehme ich mir für die dritte Woche zu den Themen Vollwertkost und Fasten vor?

Was nehme ich mir außerdem noch für die dritte Woche vor?

Folgende Übungen habe ich ausgeführt (nach der dritten Woche kurz anführen):

Habe ich in den vergangenen drei Wochen alle wichtigen Übungen durchgemacht?

____

Welche Erfolge habe ich erzielt?

____

____

____

Möchte ich weitermachen? Welche Ideen habe ich dazu?

____

____

____

____

Wie möchte ich mich weiterentwickeln? Was nehme ich mir vor?

____

____

____

____

____

____

____

____

____

Nachwort

Nun bist du dem Geheimnis der MENTAL-DIÄT bestimmt auf die Spur gekommen. Vielleicht hast du bereits dein Idealgewicht erreicht oder mit Hilfe der neuen Denktechniken zumindest einige Kilos abgenommen.
Jeder Anfang ist schwer. Die Barrieren seines Geistes zu durchbrechen, seine falschen unterbewußten Eß-Programme zu löschen und mit Hilfe von regelmäßiger Übung neue Eßgewohnheiten zu erlernen, das erfordert Kraft und einen starken Willen. Nicht immer ist es einfach, alte, falsche Vorstellungen abzubauen, da man an diesen Gewohnheiten meist unbewußt noch hängt: Wie schön ist es doch gewesen, nach einem Spaziergang in einer Konditorei noch ein kleines Stück Torte zu essen. Oder zum Fernsehen ein Glas Wein zu trinken und einige Soletti zu knabbern! Diese alten Wünsche ganz in den Griff zu bekommen und sich von ihnen ganz zu lösen, das ist auch der Sinn des MENTAL-TRAININGS. Sei guten Mutes! Viele übergewichtige Menschen haben es schon vor dir geschafft. Und wenn du dich noch nicht hast entschließen können, so solltest du jetzt endlich damit beginnen: Stell dir aus den vielen Übungen dein eigenes Mental-Programm zusammen. Führe die Übungen regelmäßig durch – dann wirst du bald Erfolg haben. Wir wünschen dir dabei alles Gute!

Anhang

LESERSERVICE

Wenn Sie weitere Informationen über unsere Seminare und Ausbildungen wünschen, senden wir Ihnen gerne unser Programm zu.
Bitte kreuzen Sie an:

Seminare mit Kurt Tepperwein

- O Ausbildung zum dipl. Lebensberater
- O Sonder-Seminare mit aktuellen Zeitgeist-Themen
- O Ferienakademien
- O Mental-Training

Seminare mit Felix Aeschbacher

- O Seminar »Mentales Schlankheits- und Fitneßtraining«
- O Seminar »Mentales Partnerschaftstraining«
- O Seminar »Heilkraft der Stille«
- O Seminar »Intuitive Liebe«
- O Ausbildung zum dipl. Seminarleiter für AT
- O Individuelle Beratung
- O Kassette »Schlank werden und bleiben«
- O Kassette »Mental-Training«
- O Kassette »Probleme lösen, Wünsche erfüllen und alle Ziele sicher erreichen«

Bitte legen Sie in jedem Fall einen frankierten Umschlag bei!

Wir freuen uns über Ihr Interesse und hoffen, Sie irgendwann einmal persönlich begrüßen zu dürfen.

Deutschland
Tepperwein-Seminare
Schongauerweg 47
D-7800 Freiburg

Schweiz und Österreich
Felix Aeschbacher
Wart
CH-7312 Pfäfers/Bad-Ragaz

Literaturverzeichnis

Beyer, G., *Gedächtnis- und Konzentrationstraining*, Düsseldorf 1986

Daimler, R., Glaeske, G., *Altern ist keine Krankheit, Ratgeber für die zweite Lebenshälfte*, Köln 1988

Deshimaru, T., *Die Praxis der Konzentration*, Freiburg 1986

Dethlefsen, T., *Schicksal als Chance*, München 1985

Diamond, J., *Der Körper lügt nicht*, Freiburg im Breisgau 1983

Fedrigotti, T., *Selbsthypnose, Der Weg zum Unterbewußtsein*, Augsburg 1985

Franz, L., *Der Weg zur Freude*, Studienreihe des IEST (IEST; A-8720 Knittelfeld PF 48)

Friebe, M., *Das Alpha-Training*, Zürich 1987

Friebe, M., *Das Omega-Training*, Zürich 1987

Goldberg, P., *Die Kraft der Intuition*, Bern 1983

Govinda, L. A., *Schöpferische Meditation und multidimensionales Bewußtsein*, Freiburg im Breisgau 1982

Grill, H., *Yoga*, München 1977

Ital, G., *Meditationen aus dem Geist des Zen, Die große Umwandlung zur Selbstbefreiung*, Berlin 1977

Kjellrup, M., *Bewußt mit dem Körper leben*, München 1985

LAOTSE, *Tao-Te-King, Text und Einführung von Rudolf Backofen*, München/Engelberg 1984

Lauster, P., *Selbstbewußtsein kann man lernen!*, München 1974/1977

Lüntzer, H., Million, H., *Richtig essen nach dem Fasten*, München o. J.

Muktananda, *Der Weg und sein Ziel*, München 1987
Murphy, J., *Finde Dein höheres Selbst*, München 1987
Murphy, J., *Die Gesetze des Denkens und Glaubens*, München 1987
Ozimic, D., *Vegetarismus und Tierschutz*, Studienreihe des IEST (IEST; A-8720 Knittelfeld, PF 48)
Ozimic, D., *Das Tier im biblischen Schöpfungsverständnis*, Arbeitskreis Tierrechte, Wien 1987
Pilgrim, V. E., *Zehn Gründe, kein Fleisch mehr zu essen*, Frankfurt 1985
Ritter, G., *Psycho-Training*, München 1988
Rütting, B., *Mein Kochbuch, Naturgesunde Köstlichkeiten aus aller Welt*, München 1979
Scheffer, M., *Bach-Blütentherapie*, München 1985
Schmidt, K. O., *Der geheimnisvolle Helfer in dir*, Freiburg im Breisgau 1983
Seelen, E., Gevaert, A., Baertsoen, B., *Kochbuch der naturistischen & makrobiotischen Küche, 400 Rezepte*, Magnin-Santé, CH-2301 La Chaux-de-Fonds
Sepac, R., *Erfolgreich durch Mentaltraining*, Saarbrücken 1988
Silva, J., *Silva Mind Control*, Argenbühl-Eglofstal 1983
Sivananda, *Yoga für alle Lebensstufen – in Bildern*, München 1985
Studien mit Vegetariern 1987, Ernährung, Gesundheit, Lebenserwartung, Vegetarier-Bund Deutschlands e. V. (Echo Verlag)
Summ, U., *Trennkost* (Vollwertrezepte), Niedernhausen 1988
Tepperwein, K., *Kraftquelle Mentaltraining*, Genf 1986
Tepperwein, K., *Schneller und besser lernen* (New-Age-Cassetten), Landsberg am Lech 1987
Tepperwein, K., *Starke Willenskraft* (New-Age-Motivations-Cassetten), Landsberg am Lech 1987
Tepperwein, K., Aeschbacher, F., *Die Botschaft Deines Körpers*, München, 2. Aufl. 1988